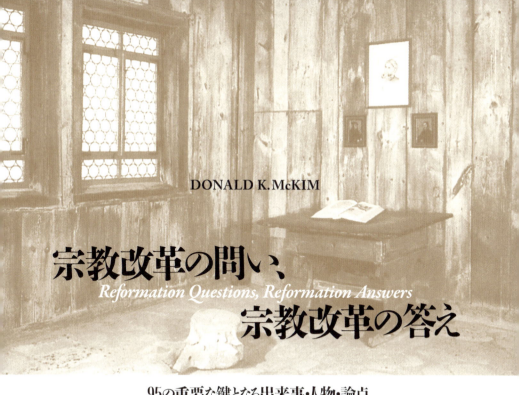

DONALD K. McKIM

宗教改革の問い、
Reformation Questions, Reformation Answers
宗教改革の答え

95の重要な鍵となる出来事・人物・論点
95 Key events, people and issues

ドナルド・K・マッキム

原田浩司 訳

一麦出版社

Reformation Questions,
Reformation Answers
95 key events, people and issues

by
Donald K. McKim
tr. by
Koji Harada

Westminster John Knox Press
©2017

Ichibaku Shuppansha Publishing Co., Ltd.
Sapporo Japan
©2017

日本語版への序文

『宗教改革の問い，宗教改革の答え』の日本語版にこの序文を寄稿できることを嬉しく思います．わたしが書く書物を精力的に翻訳してくださる原田浩司氏に心より感謝します．彼の翻訳によって本書の日本語版が刊行されることになり，わたしはとても嬉しく思います．

ヨーロッパで起きたプロテスタント宗教改革の 500 周年を記念する数々の催しが，2017 年に世界中で行われています．それらの記念集会は，16世紀にヨーロッパを劇的に変革した，重要な神学上の進展に関心を向けさせるものです．プロテスタンティズムは，世界のすべての国々に重大な影響を及ぼすにいたるまでに，ヨーロッパから世界中に広がっていきました．

プロテスタンティズムはアジア全域の諸国で見出せます．アジアの各国には，プロテスタンティズムがどのようにはじまったのか，その後どう展開したのか，そして今国内でどのような状況にあるのかをめぐって，各国独自の物語があります．それぞれの国にどれだけ多くのプロテスタント信徒たちがいるかという統計的な数値よりも，わたしたちはアジアの人たちの内にあるプロテスタントの信仰のその活力を認めないわけにはいきません．このことは日本において際立つ事実です．「プロテスタント」という用語は，もともとは自らの信仰を証しし続けた人たちのことを言い表しました．彼らは，自らのキリスト教の信仰を宣言し続け，そして，16 世紀のヨーロッパという文脈から台頭してきたプロテスタントの信仰の主要な諸特徴を奉じる者として生きることに自らの人生を捧げました．

本書はプロテスタントの諸改革についての一つの見解を提示しようとす

るものです．本書では，重要な鍵となる出来事や人物，そして論点に着目
します．宗教改革運動の歴史や神学，そして遺産なども考察されます．歴
史上の諸宗教改革をめぐるこれらの要点を知ることで，今日の諸教会に連
なる人々の間で宗教改革の正しい理解を深めていくことができます．21
世紀に生きるキリスト者たちの生活の中に宗教改革の神学の意義が根づい
ているならば，理解と信仰をよりいっそう深めるための刺激にもなりえま
す．

　わたしは本書の日本語版を，自らのキリスト教の信仰についてもっとよ
く知りたいと願う人たちにお薦めします．願わくは，本書が神への愛を鼓
舞するものとなりますように．本書がイエス・キリストに対するよりいっ
そうの献身を引き起こしますように．そして，本書が，聖霊の力によっ
て，キリストの福音を分かち合うための活力をもたらすものとなりますよ
うに．

ドナルド K. マッキム

2017 年 5 月

∞ 目　　次 ∞

日本語版への序文　*3*

はじめに　*13*

宗教改革に関わる略年表　*17*

第1部　歴史

1. 予備知識 …………………………………………… 23

1. 宗教改革とは何か？　*23*

2. 宗教改革から何が始まったのか？　*24*

3. 宗教改革はどのように展開したのか？　*26*

4. 「プロテスタント」とはどういう意味か？　*27*

5. 著名なプロテスタントの改革者はどんな人たちか？　*28*

6. 印刷技術が宗教改革にどう役立ったのか？　*30*

2. 主要な改革者たち ……………………………… 33

7. ジョン・ウィクリフは何をしたのか？　*33*

8. なぜヤン・フスは重要なのか？　*34*

9. なぜジローラモ・サヴォナローラは重要なのか？　*35*

10. マルティン・ルターとはどんな人物か？　*37*

11. フィリップ・メランヒトンとは？　*38*

12. フルドリヒ・ツヴィングリとは？　*40*

13. ハインリッヒ・ブリンガーとは？　*41*

14. マルティン・ブツァーとは？　*42*

15. カタリーナ・シュッツ・ツェルとは？　*44*

16. ギョーム・ファレルとは？　*45*

17. ジャン・カルヴァンとは？　*47*

18. ジョン・ノックスとは？　*48*

19. メノー・シモンズとは？　*50*

20. ウィリアム・ティンデルとは？　*51*

21. ヘンリー8世とは？　*52*

22. トーマス・クランマーとは？　*54*

23. イグナティウス・デ・ロヨラとは？　*55*

3.　出来事および展開　…………………………………　57

24. ロラード派とは？　*57*

25. ウォルムス帝国会議では何が起きたのか？　*58*

26. ルターはワルトブルク城に匿われていた期間に
　　何をしていたのか？　*59*

27. 農民戦争とは何か？　*61*

28. 急進的な宗教改革とは？　*62*

29. ミュンスターの再洗礼派に何が起きたのか？　*64*

30. マールブルク会談とは？　*65*

31. 異端審問とは？　*66*

32. トリエント教会会議とは？　*68*

33. アウクスブルクの和議とは？　*69*

34. 三十年戦争とウェストファリア平和条約とは？　*70*

35. イングランド宗教改革とは？　*72*

36. エリザベスによる定着とは？　*73*

37. イングランド教会とは？　75

38. イングランドのピューリタニズムとは？　76

39. スコットランド宗教改革とは？　78

40. ユグノーとは？　80

41. カトリック宗教改革とは？　81

42. ポワシー会談とは？　82

第2部　神学

24. 神学的表明 ……………………………………… 87

43. スコラ主義とは？　87

44. ルネサンス人文主義とは？　88

45. 贖宥状とは？　90

46. ルターの「九十五箇条の提題」とは？　91

47. アウクスブルク信仰告白とは？　92

48. 『一致信条書』とは？　94

49. ツヴィングリの「六十七箇条提題」とは？　95

50. シュライトハイム信仰告白とは？　97

51. カルヴァンの『キリスト教綱要』とは？　98

52. ジュネーヴ聖書とは？　100

53. ジェームズ王欽定聖書とは？　101

54. 「三十九箇条」とは？　103

55. ドルトレヒト会議とは？　104

56. ウェストミンスター信仰告白とは？　106

57. 宗教改革時代の主要な教理問答は何か？　107

5. キリスト教信仰に係わる神学上の主題 ………… 109

58. 宗教改革における「ソラ（〜のみ）」とは？ *109*

59. 聖書の権威とは？ *110*

60. 三位一体とは？ *112*

61. イエス・キリストとは？ *113*

62. 人間の真相とは？ *114*

63. 自由意志とは？ *116*

64. 選びと予定とは？ *117*

65. 義認とは？ *118*

66. 信仰とは？ *120*

67. 「善い行い」の善とは？ *121*

68. 教会とは？ *122*

69. 説教とは？ *124*

70. すべての信徒の司祭性とは？ *125*

71. ミニストリーとは？ *126*

72. キリスト教における召命とは？ *127*

73. あらゆる物事の終わりはどうなるのか？ *129*

74. 死後のいのちについては？ *130*

6. プロテスタントの間で見解が分かれる諸問題 … 133

75. プロテスタントの諸教派の礼拝における相違点は？ *133*

76. 救いは失効することがあるのか？ *134*

77. 改革者たちが聖礼典（サクラメント）として認めたものは？ *135*

78. 改革者たちの洗礼についての見解は？ *137*

79. なぜ主の晩餐は意見が分かれる論点になるのか？ *138*

80. ルター派は主の晩餐をどのように信じているのか？　*140*

81. ツヴィングリ派は主の晩餐をどのように信じているのか？　*141*

82. カルヴァンの後継者たちは主の晩餐を
　　どのように信じているのか？　*142*

83. 再洗礼派は主の晩餐をどのように信じているのか？　*144*

84. イングランド教会は主の晩餐をどのように信じているのか？　*145*

85. 教会政治の主要な形態は？　*147*

86. 改革者たちは教会と国家についてどのように信じていたのか？　*148*

第3部　遺産

7. 宗教改革の遺産 ……………………………………………… 153

87. 宗教改革は社会倫理にどのような貢献をしたのか？　*153*

88. 社会福祉と宗教改革との関係は？　*154*

89. 現代科学と宗教改革の関係は？　*156*

90. 資本主義と宗教改革の関係は？　*157*

91. ルターの後継者とはどんな人たちか？　*158*

92. ツヴィングリやカルヴァンの後継者たちとは？　*159*

93. イングランド教会の後継者たちとは？　*161*

94. 再洗礼派の後継者たちとは？　*162*

95. 宗教改革は今日を生きるわたしたちにとって
　　どんな意義があるのか？　*163*

訳者あとがき　*167*

宗教改革の問い，宗教改革の答え

Reformation Questions, Reformation Answers

95 Key Events, People & Issues

はじめに

2017年には世界中の何百万ものキリスト者たちがプロテスタントの宗教改革500周年をお祝いしたり，記念したりすることでしょう．この記念すべき年は，1517年10月31日に「九十五箇条の提題」を掲げたマルティン・ルターの活動に遡り，一般的にはこの出来事がヨーロッパ及び世界のその他の地域の様相をも大きく変えた宗教改革——いや，宗教革命！——の引き金とみなされています．

プロテスタントの改革は西洋の世界で最もよく研究される出来事の一つです．学者たちは多様な専門的見地から，記念すべき出来事が次々に生じたこの一連の期間，すなわち16世紀から17世紀半ばまでの時代の出来事を記述しています．こうした学者たちのさまざまな観点は，ローマ・カトリック教会に対する異議申し立てが宗教界全体を変えた際に起きた事柄の複雑な事情や争点をめぐって，わたしたちの理解を深めてくれます．

本書が複眼的な宗教改革の研究に取って代わることはできません．本書は宗教改革の歴史や神学，その遺産や主要な論点を取り上げはしますが，完璧な明察を提供するわけではありません．「さらなる読書のために」〔すべて英書なので省略〕の項目では宗教改革に関する数々のすばらしい資料を列挙します．それらの資料の諸々の見識や情報は見出されるのを待ち望んでいます．本書がそうした素晴らしい資料や他の多くの書物の学びへと促すものになれば，とわたしは願っています．

もう少し付言しますと，本書は一連の問いと答えをとおして宗教改革の歴史と神学の重要な局面に，まずは視線を向けるためのものです．宗教改

革の背景や主要人物，出来事や歴史の展開を読者に知っていただくために寸評的な要約をこの形式で提示します．それから，その時代と結び付いた多様な神学的表現を用いた宗教改革の神学や，教会と改革者たちにとって重要なキリスト教の信仰の神学的な論点，さらに，宗教改革の時代に教会間で神学的な論争を引き起こし，プロテスタント教会の中で袂を分けた諸問題についても，数多くの問いや答えで着目していきます．宗教改革の遺産，そして宗教改革が築いた伝統に関する問いと答えが，第三部に設けられています．問いと答えに関連する年表や「さらなる読書のために」は，本書で提示されている以上に前後関係や詳細をより一層究めるための宗教改革の学びに進むための次への一歩を提供します．もちろん，言及しなかった詳細についてはインターネットでも見つけられます．

　本書が，教会のさまざまな学習会や教会員たちだけでなく，多種多様な関心をもつ学生たちにも，プロテスタントの改革への興味を刺激してくれるだろうと，わたしは期待しています．宗教改革の時期は，政治的，社会的，文化的，宗教的，軍事的，そして神学的なさまざまな理由からして，実に多面的にきわめて重要でした．本書は幾つかの主要な歴史的で神学的な出来事や論点に少しだけ切り込んでみる一筋の道を提示します．何があったのか，なぜある特定の事柄がすこぶる重要だった —— 今でも重要である —— のかについて，本書は一つの全体像を提供します．

　わたしの宗教改革研究は，牧師として，また神学校教師や学部長として，著者として，そしてウェストミンスター・ジョン・ノックス社の神学部門の編集者として過ごしてきた年月を経ながら，長年にわたって行ってきたものです．わたしに宗教改革を活き活きと伝えてくれた教師や同僚たちは，今も心に大切にしまっている神からの賜物です．宗教改革の時期を究明するために何世紀にもわたって著作を遺してきた人たちは，わたしたちが感謝せずにはおれない尊い奉仕をしてくれました．

　わたしの家族は，わたしが本を執筆するために必要な愛と支援をいつも提供してくれます．これまで言ってきた以上に，ひとえにわたしのすばら

しい妻，リンダジョーのおかげです．ですから，わたしの心からの愛と感
謝を彼女に捧げます．わたしたちの息子のステファンと彼の妻キャロライ
ン，それに彼らの娘たちマディーとアニーも，わたしたちをとても祝福し
てくれています．わたしたちのもう一人の息子カールと彼の妻ローレンは
いつもわたしたちを喜ばせてくれて，彼らと一緒に時間を過ごせることは
わたしたちの宝もののようです．

　本書はわたしたちの家族の一員として生まれたばかりのジャック・ヘミ
ングウェイ・マッキムに捧げます．ジャックは，リンダジョーとわたしの
孫として，マディーとアニーの弟になりました．ジャックにはイエス・キ
リストにおける神に仕える中で，祝福と喜びに満ちた人生，つまりプロテ
スタントの改革者たちがすべての人のために追求した人生を過ごして欲し
い，とわたしは望んでいます．

　わたしはさらに，ウェストミンスター・ジョン・ノックス社の下記の3
人の出版の専門家たちにも，彼らの手助けを心底からありがたく思い，感
謝を申し上げます．デビッド・ドブソン，ジュリー・トニニ，そしてダニー・
ブレーデンは優秀な元同僚たちであるとともに貴重な友人たちです．

　宗教改革のために，この 2017 年，そしてその後にも，本書が宗教改革
の時代に起きた出来事について，またどのような神学的な論点がキリスト
の教会の改革を追求した人たちにとってきわめて重要とみなされたのかを
めぐって，この小書が導入的な手引書になれば，とわたしは期待していま
す．改革者たちは，聖書において，またわけても神の御子イエス・キリス
トにおいて明らかにされた，教会に対する神の言葉に耳を傾け理解しよう
と務めて，まさに献身したキリスト者たちでした．この世界で，また教会
で，イエス・キリストに従う道へとキリスト者の弟子たちを導くために神
は聖霊の力によって現に働いておられる，と彼らは確信していました．神
の霊は，わたしたちがイエス・キリストに従い，神の言葉に聞き入るよう
にと，今日も教会を導き続けてくださいます．わたしたちがイザヤ書の中
の呼びかける言葉「あなたたちが切り出されてきた元の岩，掘り出された

岩穴に目を注」（51：1）ぐことに関心を寄せるとき，わたしたちは 16 世紀の改革者たちから学ぶことができます．

ドナルド K. マッキム
テネシー州ジャーマンタウン
2016 年 9 月

宗教改革に関わる略年表

1517年　　　ルターがヴィッテンベルクで九十五箇条の提題を公示

1518年　　　ハイデルベルク討論会

1520年　　　教皇によるルター破門勧告の勅書の発布

1521年　　　ウォルムス帝国議会にルターが出頭

　　　　　　ウォルムス勅令によりルターは法治外処分に

　　　　　　ルターがワルトブルク城で匿われる

1522年　　　ルターのドイツ語訳新約聖書が出版される

1523年　　　ツヴィングリの六十七箇条提題がチューリヒで受諾される

1524－25年　ドイツ農民戦争勃発

1525年　　　再洗礼派運動の開始

1525年　　　ルターが『奴隷意志論』を出版

1526年　　　ティンデルの英訳新約聖書が出版される

1527年　　　再洗礼派の「シュライトハイム信仰告白」

1529年　　　第2回シュパイアー帝国議会と「プロテスタント」という
　　　　　　用語の発祥

1529年　　　マールブルク会談

1530年　　　アウクスブルク帝国議会と「アウクスブルク信仰告白」

1534年　　　イングランド議会が首長令を制定，イングランド教会の成立

　　　　　　ルターのドイツ語訳聖書の刊行

1535年　　　ミュンスターでの再洗礼派の支配の終焉

1536年　　　ジャン・カルヴァンのジュネーヴ到着

　　　　　　『綱要』初版の刊行

1538年　　　カルヴァンのジュネーヴからの追放

	ストラスブールの牧師たち
1539 年	イングランドでの『大聖書』の刊行, および英国教会における公認
1540 年	ローマ・カトリック教会で承認されたイエズス会
1541 年	カルヴァンのジュネーヴ帰還と牧師としてのつとめの再開
1541 年	レーゲンスブルク会談
1542 年	教皇ポール 3 世によるローマ異端審問所の開設
1545 年	トリエント教会会議の開催,
1549 年	イングランド教会の『共同祈祷書』の刊行
1549 年	カルヴァンとブリンガーとの間でのチューリヒ協定の締結
1553 年	メアリ・チューダーが女王に即位, それに伴いプロテスタント亡命者たちがイングランドを離国
1555 年	アウクスブルクの和議
1556 年	トーマス・クランマーの火刑
1557 年	教皇パウロ 4 世統制下で焚書・禁書リストの作成
1558 年	エリザベス 1 世がイングランド女王に即位
1559 年	イングランドにおける宗教事情の安定化
1559 年	カルヴァンの『綱要』のラテン語による最終版の刊行
1560 年	スコットランド宗教改革とスコットランド信仰告白の公示
1560 年	ジュネーヴ聖書の刊行
1561 年	ポワシー会談（フランス）
1562 年	フランスでの第一宗教戦争
1563 年	トリエント教会会議の中断
1563 年	イングランド教会のための三十九箇条の公示
1563 年	ハイデルベルク教理問答の刊行
1568 年	イングランドで「司教聖書」が刊行
1572 年	フランスでの聖バーソロミューの記念日のユグノー大虐殺
1577 年	ルター派による『和協信条』の採択

宗教改革に関わる略年表　*19*

1580 年	ルター派が『一致信条書』を採択
1598 年	ナントの勅令の発布
1604 年	ハンプトン・コート会議で新しい英訳聖書を公認
1610 年	ローマ・カトリック教会で英訳聖書としてドゥエー・ランス聖書が刊行
1611 年	イングランドでジェームズ王欽定聖書が刊行
1618 年	三十年戦争のはじまり
1618 年	オランダ人の間でドルトレヒト会議が開催
1642 年	イングランド市民戦争のはじまり
1643 年	ウェストミンスター神学者会議がロンドンのウェストミンスター大聖堂で開催
1647 年	ウェストミンスター信仰告白の公示
1648 年	ウェストファリア講和条約による三十年戦争の終結
1651 年	イングランド市民戦争の終結
1689 年	イングランドにおける寛容令が宗教的寛容を承認

第 1 部

歴史

1

予備知識

 1. 宗教改革とは何か？

「宗教改革（リフォーメーション，Reformation）」，ラテン語で「レフォルマティオ（*Reformatio*）」とは，16世紀にヨーロッパ中で起きた，宗教上の諸改革に充てられる常用語です．これらは多岐にわたり，ある歴史家たちは「ヨーロッパの宗教改革（Reformation）」と単数形の代わりに，「ヨーロッパの諸宗教改革（Reformations）」と好んで複数形で言及します．それらは異なる多様な運動の結合体でしたが，相互に関連し，共通の性格を共有していました．その運動は相共に，それらが主張した点においても，またそれに対して根本的な変革が実行された度合においても，これまでの運動を遥かに凌ぐしかたで，西欧世界の教会を改革しようとしました．

「プロテスタントの改革」は，教皇やローマ・カトリック教会の伝承の権威を斥け，教会にとっての第一義的な神学的権威として聖書に集中することによって特徴づけられました．教会は（そして社会も）聖書に基づいて改革されることになりました．

新たに追加された神学的な強調点がプロテスタントの改革者たちによって展開されました．傑出した指導者たちは，マルティン・ルター（1483－1546），フルドリヒ・ツヴィングリ（1484－1531年），ジャン・カルヴァ

ン（1509－1564 年），それにメノー・シモンズ（1496－1561 年）たちです．これらの人物の神学的確信は，改革者間の神学的な強調点は異なっていたものの，伝統的なローマ・カトリック教会の神学を批判しつつ，自らの視野を超えた遥か彼方を見通していました．

宗教改革は 16 世紀から 17 世紀半ばまでの期間を包括するもの，としばしば理解されています．この時代に教会に提起された数々の改善点は 16 世紀以前の二世紀の間にすでに備えられていました．伝統的に，プロテスタントの改革は，ルターが 1517 年 10 月 31 日にヴィッテンベルクで「九十五箇条の提題」を公にしたことから始まった，とみなされています．しかしながら，ルターの見識は，幾つもの神学的な展開が種々の思想家たちやキリスト者の諸グループの間で生じ始めてきた時機にあって，この出来事自体よりも数年も前から展開されてきたことでした．

教会改革や宗教的変化のこうした喧噪の時期を経て，さまざまな教会の運動や伝統が生じてきました．宗教改革の影響や遺産は，その重要性が色あせることなく，今日のわたしたちのもとにあります．あの時代をヨーロッパで生活していた人たちは幾つもの変化が起きていることを自覚していました．彼らはさらに自らのキリスト教信仰の理解について，また，どのようにして自分たちの信仰を生かすべきかについて，個人的な選択に迫られました．プロテスタントの改革は聖書を理解し，そして教会を理解する道筋を提供し，それらはキリスト者たちに新しい方向性を呈示しました．

 2. 宗教改革から何が始まったのか？

ドイツのプロテスタントの改革は伝統的に，マルティン・ルターがドイツのヴィッテンベルクの城教会の扉に自ら記した「九十五箇条の提題」を掲示したことから始まったと理解されています．ルターはそこでの一神学教師でした．その日は 1517 年の諸死者の記念日（All Souls' Day）の前日

に当たる 10 月 31 日でした．このことから，その司祭だったルターのロー
マ・カトリック教会からの破門へ，さらにプロテスタント運動を起こすル
ターの神学的立場の展開へとつながる一連の出来事が起こりました．

　ルターの九十五箇条の提題は，贖宥を争点にしたローマ・カトリック教
会の取り組みに焦点が絞られていました．贖宥状は，近親の罪人たちが天
国へ入る前に痛みをもって浄化される場である煉獄において罪の程度に応
じて彼らに課せられる罰を軽減してもらうために，教会から購入すること
ができました．ルターはこの取り組みは聖書に基づいたものではないと確
信しました．

　学術的な討論のために提題を掲示するという方法は，大学という環境で
はごく普通の取り組みであり，ルターはこうした論点について同僚たちと
議論したいと考えたのです．幾人もの学者たちは，この提題が実際に掲示
されたかどうかに疑念を抱きました．しかし，公示された提題がドイツの
諸都市にいるルターの友人たちに回覧されると，当初ルターが想定してい
た以上の大きな反響がありました．こうしてドイツの宗教改革は始まって
いきました．

　スイスではフルドリヒ・ツヴィングリがチューリヒ大聖堂の司祭でした．
彼は 1519 年にローマ・カトリック教会の聖書日課のとおりに従う代わり
に，マタイによる福音書から直接に説教するという革命的な取り組みを始
めました．ツヴィングリの説教は新約聖書の教会と彼が生きる同時代の教
会とを比較対照するものでした．1522 年にツヴィングリの説教がレント
（受難節）の期間には肉を食べないという教会の伝統的な断食の決まりを
破るよう人々の背中を押し，そして彼らがソーセージを食した際には，ツ
ヴィングリは断食を破った人たちを擁護するとともに，教会改革に向けた
自身の召命観を強く自覚しました．こうして，スイスの宗教改革は始まっ
ていきました．

　ツヴィングリはスイス全土に，そして自国の宗教改革に取り組んでいた
他の国々にも，改革を広めるために働きました．

3. 宗教改革はどのように展開したのか？

　プロテスタントの改革には，大群の天使たちから眺められるほどまでに多くの側面があります．歴史の次元からは重要な出来事が起きたその前後関係がわかります．神学的な展開は，さまざまな教会的な諸団体，ならびに政治的かつ社会的な諸活動の前進的な発展を促す燃料源となりました．宗教改革の学びはこうしたさまざまな方向へと照準を当てることができ，そしてわたしたちの理解を豊かにすることができます．

　16世紀の宗教改革の宗教的な諸活動の展開を，以下のとおり，大まかに概観します．

(1) **背景**（1500－1520年）　中世の後期に，ローマ・カトリック教会における生活，道徳，組織形態の改革を要求するさまざまな声がありました．人文主義運動が，とりわけデシデリウス・エラスムス（推定1466－1536年）は，こうした改革の推進の原動力になりました．

(2) **展開**（1520－1530年）　ローマ・カトリック教会の贖宥状に対するマルティン・ルターの批判（1517年）によって，ルターは同教会から破門されました．しかし，当時成長を遂げていた印刷業をとおして彼の思想に接しやすくなり，ルターの聖書解釈と神学の展開——特に，信仰のみによる義認の教義（Q 65を参照）——は普及しました．チューリヒでのフルドリヒ・ツヴィングリの働きは改革派の神学の伝統の成長につながりました．幼児洗礼をめぐる論争は再洗礼派の運動に展開しました．

(3) **広がりと反応**（1530－1563年）　イングランドでは，為政者がプロテスタントの道を採択した際に，プロテスタントの改革には二つの局面がありました．第一の局面は，国王ヘンリー8世がイングランド教会を設立し（1534年），そしてエドワード6世の治世下（1547－1553年）

にプロテスタントは強固なものになりました．第二の局面は，ローマ・カトリック教会の女王メアリ1世（1553-1558年）が統治した後に，1558年以降のエリザベス女王が統治した時代です．ピューリタン革命の政治的な敗北を経て，イングランド教会（後のアングリカン［聖公会］）が国営のプロテスタントの信仰として継続することになりました．ローマ・カトリック教会のトリエント教会会議（1545年開催，一時中断の後，1563年に再開）は教会の諸改革を確立させ，そしてローマ・カトリック教会の神学を強固に宣命しました．

(4) **闘争**（1562-1598年）　さまざまな宗教上の闘争が16世紀の終盤のヨーロッパを特徴づけました．長期にわたるフランス宗教戦争は1562年に始まりました．そして，オランダ共和国は80年にもわたって信教の自由を勝ち取るために闘争し，ヨーロッパ最後の宗教戦争である三十年戦争が終結した1648年にようやくそれを獲得したのです．

4.「プロテスタント」とはどういう意味か？

「プロテスタント」という言葉は，議会の決定に対し諸侯の一団が「プロテスト（抗議）」（ラテン語で *protestatio* ［プロテスタティオ］）の声を上げた，第2回シュパイアー帝国議会（1529年）のもとで生まれました．

ある公式の議会（政治的な討論型の会議）が1526年にドイツのシュパイアーで開催されました．神聖ローマ帝国の皇帝カール5世は出席することはできませんでした．しかし，ドイツ北部からはマルティン・ルターを支持していた幾人もの諸侯たち（ルター派または「福音主義者」たち）が出席しました．この議会の決定とは，帝国内のどの州でも，ローマ・カトリック教会と新興のルターの運動との間で，いずれかを選択できるようになるというものでした．これがドイツにおける宗教の未来についての最終決定

にはならなかったものの，後にさらなる決定が下されることになります．

1529年に皇帝カール5世は自身の宗教的設計を遂行することを強く望み，議会の再招集を要求し，議会は3月15日から4月22日まで開かれました．ここ直近の数年間で，数多くの領邦が宗教に関する新たなものを導入するのを中止し，宗教上の問題については1517年以前の状態に戻そうと望むようになっていました．カールは1526年の決議を破棄し，ルター派の運動に対抗処置をするよう議会に強要しました．これはルターの教えを禁じるためのものであり，宗教改革を永続的に終わらせようとするものでした．かなりの数のドイツの諸州が国王を支持し，これに従いました．

しかし，1529年4月19日に，5人の領邦君主とドイツ南部の14都市の代表者たちが声を上げて「抗議（Protestation）」を始めました（4月25日の控訴として記録されている）．これらの一団が主張する，第2回シュパイアー帝国議会において完全に受理されたとの抗議は，虚しく破棄され，かつ無効とみなされ，結果的に斥けられました．彼らの異議申し立て（プロテステーション）は一つの決定に対する公式な抗議または反論でした．しかし，ラテン語の「*protestatio*（プロテスタティオ）」の意味は動詞の「*protestari*（プロテスタリ）」に由来し，それは「公言すること」「証言すること」，または「公式に宣言すること」を意味します．これはシュパイアーに集った諸侯たちによる抗議にそのまま該当します．ここではルターを支援していた福音主義者たちが，自らが信じ，自らの良心が主張するキリスト教信仰の表明を支持するために，自ら公に証言しました．彼らの「抗議」はこの信仰に対する彼らの「証言」でした．こうして，彼らは「プロテスタント」と呼ばれるようになりました．

 5. 著名なプロテスタントの改革者はどんな人たちか？

ローマ・カトリック教会における改革の努力や，宗教改革の時代に出現

したさまざまなプロテスタントの諸教会は，多くの人たちの働きの結晶です．彼らのうちの幾人かは鍵となる重要な役割を担いました．

16世紀の宗教改革の時代の4人の主要な改革者は，マルティン・ルター（1483－1546年），フルドリヒ・ツヴィングリ（1484－1531年），ジャン・カルヴァン（1509－1564年），メノー・シモンズ（1496－1561年）です．この4人はみな，その時代に誕生してきた教会群と密接に関わる重要な信仰告白的伝統の形成と発展において重要な役割を担いました．

ルターは神学者であり，彼の活動は広範なプロテスタント運動を先導し，プロテスタントの改革という点では最も傑出した人物でした．彼の諸見解はアウクスブルク信仰告白（1530年）にまとめられました．「ルター派」とはルターの神学的な見識を堅守し，そしてルター派はドイツとスカンジナビア半島全域の多数の人々にとって主要な宗教団体となりました．

ツヴィングリとカルヴァンは「改革派」の神学的伝統の指導者でした．ツヴィングリはチューリヒで，カルヴァンはジュネーヴで生活していました．改革派の伝統はスイスを超えてスコットランドとフランスへと持ち込まれ，ハンガリーやポーランドにまで伝わりました．どちらの神学者も数多くの本を刊行し，さまざまな地域の改革派の諸教会から数多くの改革派教会の信仰告白が出現してきました．

メノー・シモンズは，かつてはローマ・カトリック教会の司祭でしたが，後に再洗礼派の指導者となりました．再洗礼派の人々は，他の3人の改革者たちがそれぞれ異なる場所にいながらも共通にもっていたような世俗の権力者の後ろ盾をもたない「急進的な宗教改革」の一翼を担いました．再洗礼派の活動はローランドの地域〔今日のベルギーやオランダがある地帯〕で最も盛んで，イングランドからロシアに至るさまざまな地域でも盛んでした．最終的に宗教的寛容を享受するまでの期間，彼らは多くの場所で頻繁に迫害されました．

重要なプロテスタントの改革者たちは，他にもルターの後継者であるフィリップ・メランヒトン（1497－1560年），ツヴィングリの後継者であ

るハインリッヒ・ブリンガー（1504-1575年），カルヴァンの後継者であるテオドール・ベーズ（1519-1605年）たちです．中道的な改革派神学者マルティン・ブツァー（1491-1551年）も重要な役割を果たしました．他の再洗礼派の指導者たちには，バルタザール・フープマイアー（1485？-1528年）やピルグラム・マーペック（1495-1556年）もいます．イングランド教会となったイングランドでは，トーマス・クランマー（1489-1556年）やリチャード・フッカー（1554-1600年）が指導者たちに含まれます．ピューリタン（清教徒）の間では，重要な神学者たちに，トーマス・カートライト（1535-1603年）やウィリアム・パーキンス（1558-1602年）が含まれます．

ローマ・カトリック教会の改革指導者には，人文主義の学者デジデリウス・エラスムス（1466-1536年）やイグナティウス・デ・ロヨラ（1491-1556年）が含まれます．

6．印刷技術が宗教改革にどう役立ったのか？

1440年代の半ばに，ドイツのマインツで熱心な事業家だったヨハネス・グーテンベルク（1390-1468年）が本を大量に生産する技術開発に乗り出しました．1455年の彼による活版印刷の発明は，手作業による書き写しから，今日のわたしたちが知っているような本の形状へと，本の生産を一変させました．グーテンベルクが最初に製造したのは印刷した聖書でした．未だに不明なことは，今や量産可能になった数多くの書物がヨーロッパの市場でどのように販売され得たのかということです．

マルティン・ルターという巨大な源泉から溢れ出るままに，宗教改革が書物を激流のごとくに産出し始めたとき，初期の印刷産業は数多くの都市や町で印刷を行いながら発展していきました．ルターの書物と思想——また，それらへの反響——の広がりが宗教改革を駆り立てました．神学

の著作が，ヨーロッパ中にいる自国語しか話せない人たちにも入手できるようになりました．宗教改革は，印刷を抜きにしては，あれ程までに生起し，進展していくことはありえなかったでしょう．大型判の印刷物から，小冊子，書物，それに版画など，あらゆるものが宗教改革の信仰を普及するのに貢献しました．ルターの書物はすぐに印刷に回されました．激論が交わされている論点や重大局面について執筆すれば，たちまち事態をひっくり返せるだけの技量を彼は具えていました．

印刷がルターを駆り立てました．ルターが本の出版を始めてから50年後，彼が教鞭をとっていた小さなヴィッテンベルクの町は，書物の世界の中心になっていました．ルターの書物が印刷産業の成長を育みました．印刷産業は，ルターの考えをヨーロッパ中に広め，遥か彼方の遠い国々にも届けるための手段となりました．

ルターによるドイツ語訳聖書は直ちに販売され，一般の人々が自国の言葉で聖書が読めるようになりました．識字率が増加していくにしたがって，学問も大衆化していきました．メランヒトンの『神学総覧（ロキ・コンムネス）』やカルヴァンの『キリスト教綱要』のような主要な神学的な著作は，版を幾つも重ねて出版されることによって，プロテスタントの発展にとって非常に意味のある領域となりました．同時に，宗教論争の相手を容赦なく批判する数多くの小冊子の印刷も印刷産業の遺産の一部でした．これらのことから，キリスト教の信仰者たちの敬虔を深めるための，信仰的な文学や祈祷書，讃美歌集の出版へと進展していきました．

2

主要な改革者たち

 7. ジョン・ウィクリフは何をしたのか？

　16世紀のプロテスタントの改革にとって重要な先駆者のひとりがオクスフォード大学の教授だったジョン・ウィクリフ（1330-1384年）でした．ウィクリフは論争を引き起こし，数十年も後の宗教改革の改革運動と響き合う見解を提議しました．

　ウィクリフの神学的な見解は，聖書こそが教会の教理とキリスト者の生活にとっての権威の源泉でなければならない，との彼自身の確信に基づくものでした．その確信ゆえに，彼は教皇の権威に疑義を呈するようになりました．時間の経過とともに，わけても国王の政治的権力はイングランドにおいては教皇の権威を凌ぐものであるべきだ，と彼が提唱してからは，教皇制度や教会の位階制度に対する彼の批判はいっそう強烈に発せられるようになりました．

　教会の権威としての聖書に対するウィクリフの信拠の姿勢ゆえに，彼はその当時の教会の諸種の見解や実践を批判しました．彼の批判の矛先には，腐敗した修道院や修道士たち，また非聖書的な（パンとぶどう酒がキリストの体と血そのものに変化すると信じられていた）実体変化説を唱える教会の聖餐論，聖書は教会の聖職者や神学者たちに代わって，謙虚な人々に

よってこそ最もよく解釈されるという信念，等も含まれていました．彼は予定論も提唱し，さらに聖職者の独身制，煉獄，贖宥状，諸聖人への祈り，等を斥けました．

聖書に対するウィクリフの傾倒はやがて，誰もが聖書の叡智にふれることができるようにするため，彼自身の自国語である英語に聖書を翻訳する事業へと彼を導きました．彼は他の人たちとも協力し合いながら，ヘブライ語およびギリシア語の聖書原典からではなく，ローマ教会の聖書であるラテン語訳のウルガタ聖書から翻訳しました．印刷技術が興る前の時代ですから，「ウィクリフ聖書」は手書きのものしか現存しません．彼の死後，ウィクリフの仲間たちが翻訳事業を継続しました．

ウィクリフ聖書はローマ・カトリック教会によって否認され，1415年3月4日に，コンスタンス教会会議はウィクリフを異端者と宣言しました．彼の書物は焼き払うよう命じられ，彼の遺体は墓から掘り起こされて燃やされた後，彼の遺灰はスイフト川に投げ捨てられました．ウィクリフの思想は，また別の重要な運動であるロラード派（Q 24を参照）に勢いをもたらしました．

 8. なぜヤン・フスは重要なのか？

ヤン・フス（1372−1415年）はチェコ人の司祭で，教会の改革者であり，彼の影響力は16世紀のマルティン・ルターにまで及びました．1411年にフスはローマ・カトリック教会から破門され，そして1415年にコンスタンス教会会議によって，ウィクリフと共に異端者と宣告されました．フスの活動の自由は停止され，そして彼は木に架けられて火刑に処せられました．彼の支持者たちは弾圧されていきました．1420年から1431年にまたがるフス戦争では，5度の教皇の十字軍に抵抗し，彼らは戦いました．

フスが学んだプラハ大学にはたくさんのウィクリフの書物の写しが所蔵

されており，1402年にフスはボヘミアで説教し，教会の改革を提唱するようになりました．彼の主張には，頻繁に聖餐に与ることや，聖職位階制の廃止，富者と貧者や男性と女性が聖餐の祭壇に近づくために揃って並ぶ際に設けられていた特権の撤廃，等がありました．フスはウィクリフの書物を翻訳し，1413年に『教会（De ecclesia）』を出版しました．プラハの聖職者たちはフスの逮捕を扇動しましたが，一方でフスは，自分を裁ける唯一の裁き主は，自分が信認するイエス・キリストただおひとりである，と主張しました．

フスに対する非難には，教皇の首位性に対する彼の異議や，教皇の権威は神からではなく国家に由来するという彼の確信も含まれていました．聖書は教会への服従を認許してはおらず，また教会における破門の実施は不適切であり，結果的にそれは抑圧の手段となっている，とフスは訴えました．

フスはウィクリフの「忌まわしい息子」だと責められましたが，彼は主張を撤回することを断固として拒否しました．フスの支持者たちは「プラハの四箇条」（1420年）で，神の言葉の説教の自由，聖餐式におけるパンとぶどう酒の二種陪餐，教会における世俗の影響力の排除，重罪人に対する厳罰を訴えました．フス派の人たちが強い関心を注いだのは，不道徳，聖職売買，社会的な悪徳などを含む，教会と世俗の悪弊に対する糾弾でした．これらは神の律法を心底から強調するがゆえの糾弾でした．

16世紀の宗教改革に先立つ穏健的なフス派が，ルターとの親近性があるボヘミア兄弟団の礎を築きました．彼ら穏健的なフス派の後継者にはモラヴィア兄弟団も含まれました．

 9. なぜジローラモ・サヴォナローラは重要なのか？

ジローラモ・サヴォナローラ（1452−1498年）はドミニコ会の司祭で

あり，改革者でした．その熱烈な説教のゆえに，彼はローマ・カトリック教会から破門され，処刑されました．

サヴォナローラはイタリアのフェッラーラの貴族の家庭に生まれました．彼は，人文主義の影響を受けつつ，医学と自由七科（リベラル・アーツ）を学びました．彼は霊的な危機を経てドミニコ会の托鉢修道士となり，1477年に司祭に叙階されました．彼は聖書学者として知られるようになりました．フィレンツェでは市中の至る所で，また市の郊外でも説教を語り続けながら，彼は幾つもの哲学的かつ霊的な書物を執筆しました．

サヴォナローラが語るメッセージには黙示的な特性が具わっていました．彼は，教会の回復に先立って，今にも下されつつある教会への天罰を予告しました．彼の説教は人間味に溢れ，かつ力強い効き目がありました．人々の罪の裁き主として力に満ちた王が国を侵攻してくるだろう，とのサヴォナローラの予言を明確に裏付けるかのように，1494年にフランス国王シャルル8世がイタリアに侵攻した際に，彼の人気は沸き立ちました．

サヴォナローラは国の政治の舞台に巻き込まれ，そして彼が語るメッセージはフィレンツェの町に到来するであろう運命について覚悟させるものになりました．彼はさまざまな改革に努めましたが，政治家や聖職者からの反対に直面しました．サヴォナローラの遊説には，行進しながらの讃美歌の唱歌，「虚しいもの」を焼くかがり火，公衆に響き届く祈りなどの特徴がありました．しかし，彼のフランス支持の方針は，教皇アレクサンデル6世から反感を買うようになりました．教皇から破門の制裁を受けているにもかかわらず，サヴォナローラは説教を続けました．彼は捕らえられ，拷問を受け，そして1498年5月23日に絞首と火刑によって処刑されるまで，虚偽の予告と政治的な陰謀罪を自白するよう強いられました．

サヴォナローラの説教は教会の改革を求めていた他の人々を鼓舞しました．彼は聖職者の腐敗，独裁政治，貧しい人々からの搾取などに抗して，説教しました．ルターはサヴォナローラが書いた幾つかの書物を読み，そしてルターは彼を殉教者とみなし，おそらくルターの神学的考察の幾つか

の点で，わけても信仰義認において，先駆者のひとりとみなしました．フランスでは，サヴォナローラはフランスの福音主義およびフランスの教会のユグノーの諸改革の先導者とみなされるようになりました．

改革に向けたサヴォナローラの奮闘は，中世の教会における規律の危機に関する顕著な一つの実例です．彼と他の改革者たちは変革しようと務めました．彼の熱く燃え盛る説教は，それを聞く人たちの想像力と活力を駆り立てる宣教の力強さを証明しました．

10. マルティン・ルターとはどんな人物か？

マルティン・ルター（1483-1546年）は最も傑出したプロテスタントの改革者であり，伝統的に1517年10月31日に掲げられた彼の「九十五箇条の提題」はプロテスタントの改革の公式な出発点と理解されています．

ルターは1505年6月2日に雷鳴轟く嵐に遭遇し，九死に一生を得た後，彼は神との約束を果たすべく，アウグスティヌス会の修道士になりました．ルターはアウグスティヌス会の修道院で，断食，祈り，告解の規定を順守していました．しかし，彼は心から切望していた救いの確証を見出すことができませんでした．彼は1507年に司祭に叙階され，1508年にヴィッテンベルク大学で神学を教えるために派遣され，1512年に神学博士になりました．

新約聖書の諸書，特にローマの信徒への手紙に関するルターの講義は，神の律法に服従することによって人間は救いを得るのではなく，そもそも神の律法に服従することなど罪ゆえに不可能である，といった新約聖書のメッセージを見出す突破口へと彼を導きました．むしろ，人間は神がお遣わしになったメシア，救い主としてイエス・キリストを信じることによって義とされ，神の恵みによって受け入れられるのです（ローマの信徒への手紙1：16-17）．ご自身の死において，キリストが赦しと救いを与えて

くださいました．律法を守るという善い行いをすることで救いを獲得しようと努めることをとおしてではなく，神の御目において，キリストの義に基づいて，人間は義と宣言されます．救いは，獲得するものではなく，授かるものです．

贖宥状から始まったローマ・カトリック教会の教理と実践をめぐるルターの初期の批判からして，彼は自ずと，イエス・キリストの十字架の光のもと，キリストの受難と死をとおして人間の本性が救われることになる，という自らの神学を展開するようになりました．神学は神の言葉である聖書に基づきます．神を礼拝し，そこで宣教される神の言葉を聞き，そして聖礼典（洗礼と主の晩餐）に与れる教会において，キリスト者たちは互いに一つに結び合わされます．キリスト者たちは信仰をとおして神の御目において自由とされながらも，隣人愛をとおして自らの信仰を証しすることをもって，他者に仕える奴隷となります．

ルターの努力が宗教改革を燃え上がらせました．彼の神学的見解は影響力をもつようになり，後の数世紀にわたって広く論議されました．

11. フィリップ・メランヒトンとは？

ルターと最も近しい仲間であり，同僚の神学者だったのがフィリップ・メランヒトン（1497-1560年）でした．彼は「全ドイツの教師（*Praeceptor Germaniae*）」として知られていました．メランヒトンは人文主義学者としての教育を受け，祭司に叙階されることは一度もなかったものの，改革者，教育者，言語学者，教本の執筆家としての彼の働きには数々の多彩な賜物がもたらされました．

メランヒトンはドイツのブレッテンで生まれました．彼は12歳から大学での学びを始め，僅か17歳で修士号の学位を受領しました．1518年に彼はザクセン州に新設されたヴィッテンベルク大学のギリシア語の教授と

なり，1520 年に彼は市長の娘カタリーナ・クラップと結婚しました．

ルターの同僚として，メランヒトンはルターのメッセージに魅了され，そして熟達の聖書解釈者となり，神学者となりました．1521 年に彼の『神学総覧（ロキ・コンムネス）』が出版されました．この本は神学的な諸問題に関する「通用命題（*commonplaces*）」または「共通題目（*common topics*）」の手引書であり，ルターから高く評価され，神学生にとっての標準的な教科書となりました．メランヒトンのローマの信徒への手紙の註解書（初版 1522 年，第二版 1529 年，決定版 1532 年に出版）は広範囲に非常によく用いられました．

当局側からはルターが法治外に置かれていた時には，メランヒトンがルターの神学を明らかにする重要な神学的代表者となりました．彼はアウクスブルク帝国議会に「アウクスブルク信仰告白」（1530 年）を，またその翌年にはその信仰告白に鋭く照準を絞った「アウクスブルク信仰告白の弁明」（1531 年）を提出しました．

メランヒトンは，福音主義的な信仰を世に広めること，また改革派の指導者たちと共に働くことを願いつつ，数十年間も教会改革の政治面で活動を続けました．彼の『アウクスブルク信仰告白改定（*Confessio Augustana variata*）』（1540 年）は改革派諸教会との間に架橋を試みたものであり，ジャン・カルヴァンも同意を示した文書でした．しかし，彼は他のルターの支持者たちから非難され，そして彼の晩年はルター派の内部の調和に費やされました．メランヒトンはルター派の運動に多大な貢献を果たしました．彼はルター派の神学的な洞察力を堅持しながら，困難な政治的，社会的，教会的な問題の洪水をキリストの教会のために誘導する水路を見出す努力を懸命に続けました．

12. フルドリヒ・ツヴィングリとは？

　名前をアルファベット順に並べたとき，「ツヴィングリ（Zwingli）」の後に来る名前を思い浮かべるのは困難です！
　フルドリヒ・ツヴィングリ（1484－1531 年）はスイスでプロテスタントの改革を始めました．ツヴィングリは，ローマ・カトリック教会の司祭として，人文主義で鍛えられ，エラスムスの影響を受けて，自身が聖書と初代教会の神学者たちについて学んだグラルスで仕えていました．
　ツヴィングリはローマ・カトリック教会の教理と実践に疑念を抱くようになりました．彼は諸聖人崇拝や聖遺物，またルターと同様に，贖宥状などの聖書に基づかない実践を批判しました．
　しかし，ツヴィングリはチューリヒ大聖堂の司祭となりました．1519年 1 月 1 日（彼の 35 歳の誕生日）に，ツヴィングリはローマ教会によって公認されたラテン語訳のウルガタ聖書よりもギリシア語の新約聖書の原典に基づいて，マタイによる福音書から説教を語り始めました．
　ツヴィングリはルターが書いた書物を読むようになり，やがてその支持者の一人になりました．断食，司祭への罪の告白，聖職者の妻帯禁止，ローマ式のミサ，修道院制等，彼は教会内の悪弊を非難しました．彼はさらに教会から絵画やイコンを排除し，さらには —— 彼も優秀な音楽家だったにもかかわらず —— 教会の礼拝中の音楽の使用を禁じました．市議会の支援を得て，そして教会の実践に抗して，彼はレントの期間に肉を食べる許可を出しました．
　さらに市議会は，1523 年 1 月 29 日の討論会を経て，ツヴィングリの六十七箇条を支持しました．これにより，公式にツヴィングリの改革を是認することで，チューリヒ州はコンスタンスの司教座管轄区から離脱をしました．改革派の礼拝が執り行われるようになりました．改革はヨハンネ

ス・エコランパディウス（1482−1531年）の指導下にあったバーゼルに継がれ，他のスイスの諸教会にも普及しました．

マールブルク会談では数々の神学的な点で合意したにもかかわらず，ツヴィングリとルターは主の晩餐におけるキリストの現臨に関しては合意できませんでした．このことが，改革派の教会とルター派の教会との一致を妨げる現在進行中の論点です．ツヴィングリの追従者たちは「ツヴィングリ派」と呼ばれ，他の改革派の立場の間にあって彼ら特有の神学理解をもち，主の晩餐におけるキリストの現臨をめぐるルターの見解を断固として斥けます．

ツヴィングリは，ローマ・カトリック教会に抗して行われた第二次カッペル戦争の戦場で殺され，ツヴィングリの遺体は何者かによって運び出され，八つ裂きにされて燃やされてしまいました．

13. ハインリッヒ・ブリンガーとは？

チューリヒの主任牧師としてツヴィングリの後継者となったのはハインリッヒ・ブリンガー（1504−1575年）でした．このスイスとドイツにまたがる改革者はカルヴァンがジュネーヴに来る5年前からチューリヒで牧師のつとめをはじめ，しかもカルヴァンが亡くなった後，さらに11年も，牧師の働きを続けていました．彼の膨大な数の神学的な著作や往復書簡，そして牧会的な指導力のゆえに，彼は重要かつ影響力のある改革者の一人となりました．

ケルン大学で学んだ後，ブリンガーは神学に興味を抱くようになり，1520年に刊行されたルターの諸著作やメランヒトンの『神学総覧』を学びました．1522年までには，彼は福音主義的なキリスト者になっていました．ブリンガーはカッペルのシトー会修道院の主任教師に就任し，そこで彼は数多くの新約聖書の註解書を執筆し，それらに即して講義を行いま

した．その修道院は改革されていきました．1523年にブリンガーはツヴィングリと会い，そうしてツヴィングリの改革に関わるようになりました．ブレムガルテンの牧師として父親の跡を受け継いだ（1529年）後，チューリヒ軍がカッペルから撤退した後にブリンガーと一家はそこから避難し，1531年11月21日にチューリヒに辿り着きました．12月13日に彼は主任牧師としてツヴィングリの後継者となりました．

　ブリンガーは，ツヴィングリの神学的な土台の上に築いていきましたが，幾つもの重要な点に関しては，彼を超えていきました．ブリンガーの論文『契約の書（*De testamento*）』（あるいは，『唯一の永遠なる聖書または契約』，1534年）には長きにわたる影響力があります．彼の『数十年（*Decades*）』は主要なキリスト教の教理を網羅した全50篇の説教集でした．ブリンガーは「第一スイス信仰告白」（1536年），および「第二スイス信仰告白」（1566年）を起草し，後者は広範にわたる教理的な信仰告白であり，初期の改革派の信仰告白の中では最も幅広く利用されました．

　ブリンガーとカルヴァンには長期間の親交があり，チグリヌスの同意書（1549年のチューリヒ協約のこと）を策定することができました．ブリンガーは主の晩餐を神の恵みの〈証拠〉とみなしましたが，他方でカルヴァンは主の晩餐を神の恵みの〈手段〉とみなしました．同意書では後者の「手段」の言葉は除外しました．予定論に関するブリンガーの教説は，永遠のいのちへの選びにおける，神の恵みを強調しました．彼の神学は，聖化と恵みにおけるキリスト者の成長を強調するのが特徴的です．彼は，キリスト者に相応しい人生を生きられるよう信仰者たちを不断に励ましつつ，他者を愛し，善い行いを実践すべきキリスト者の義務を重視しました．

 14. マルティン・ブツァーとは？

　マルティン・ブツァー（1491–1551年）はストラスブールの重要な改

革者であり，鍵となる諸方面への改革派の伝統を形作るのに貢献しました．

ブツァーはドイツのアルザスの貧しい家庭に生まれました．彼はドミニコ会で教育を受けましたが，エラスムスや他の人文主義者たちの影響も受けつつ，生まれ故郷でドミニコ会の托鉢修道士となりました．ブツァーはハイデルベルクで学び，そこでは彼が確信的な支持者となるきっかけとなったルターの討論会（1518 年）にも出席しました．彼は 1521 年に自らの修道士誓願から解かれて教会の牧師となり，かつて修道女だった女性と結婚しました．

1523 年にローマ・カトリック教会から破門された後，ブツァーはストラスブールに逃れ，そこで聖書について講義するようになり，1524 年に牧師となりました．ブツァーはヴォルフガング・カピト（1478−1541 年）らの仲間たちと共に教会の改革のために働き，そして，彼の著作をとおして活動的な神学の代弁者になりました．1529 年に彼は改革派の代表者のひとりとしてマールブルク会談に出席しました．このことから彼はツヴィングリ派とルター派とが協力し合えるよう懸命に取り組み始めました．

カルヴァンがストラスブールでフランス人亡命者教会に仕え，高等教育機関で講義していた時期に，ブツァーはカルヴァンに影響を及ぼす貴重な役割を果たしました．ブツァーのキリスト者共同体のビジョンに即した教会規律による改革派教会の秩序，熟考された予定論，主の晩餐とともに，礼拝と礼拝式文の重要性が広く行き渡っていること，整備された教会の諸々のつとめ（ミニストリー），教育の重要性なども，カルヴァンはこの地で目の当たりにしました．

ブツァーのエキュメニカルな働きは，レーゲンスブルク会談（1541 年）に参加し，プロテスタントとカトリックとの間での信仰義認に関する合意形成づくりのために彼が奔走したことによって特徴づけられます．しかしながら，この会談の成果の他の局面はことごとくローマ・カトリックの側から拒否されてしまい，ブツァーの努力は実を結びませんでした．

1549 年に皇帝の軍隊によりプロテスタント陣営が敗北した際に，ブ

ツァーはイングランドに来て欲しいとのトーマス・クランマーからの招聘を受諾しました．同地において，彼はケンブリッジ大学で講義を行いました．ブツァーは礼拝に関する分野でイングランド教会のプロテスタント運動に刺激を与え，さらに国王エドワード6世に対しては，自身の『キリストの王国（*The Kingdom of Christ*）』（1557年）を添えて，全国的な改革に向けた手引書を提出しました．ブツァーは終生，ケンブリッジ大学で神学を教え続けました．さまざまなプロテスタントの立場を調停しようと取り組んだことによって，彼は重要な指導者となりました．

15. カタリーナ・シュッツ・ツェルとは？

　カタリーナ・シュッツ・ツェル（1497−1562年）は改革者であり，40年以上にもわたるストラスブールでの社会活動家でした．彼女は家具職人の娘で，中等教育を受けました．彼女にはドイツ語での文筆力が十分にあり，五つの冊子を刊行しました．彼女とその友人らのグループは初期のルターの作品を読んで福音主義の信仰に回心し，後にツェルはルターと書簡を交わすようになりました．

　彼女が4人の重要なストラスブールの改革者のひとりマティアス・ツェル（1477−1548年）と結婚したのがきっかけで，マティアスはローマ・カトリック教会から破門されました．彼女は聖職者の結婚の合法性を擁護する小冊子を執筆しました．

　ツェルには福音主義の信仰を普及させたいという強い召命観がありました．彼女は訪問する改革者や亡命者たちを迎え入れるために自宅を開放し続け，また，困窮していた大勢の人たちのため，特に農民戦争（1525年）の犠牲者たちのために，食事や避難場所を用意することに奔走しました．彼女はストラスブール市では有名人で，彼女の夫の葬儀では，彼女が葬儀説教を語りました．

他の地では「歓迎されない」人たちに対する彼女のもてなしには，再洗礼派の人々や，彼女の友人でストラスブールに定住していた神秘主義者のキャスパー・シュヴェンクフェルト（1490－1561 年）も含まれていました．このことからツェルはストラスブール市のルター派の聖職者からは「教会の安寧を脅かす者」と揶揄されるようになりました．

彼女の出版物の射程範囲や視野の広さは，彼女が置かれた時代や状況を考えれば，注目に値します．彼女の最初の小冊子（1524 年）は，プロテスタント信仰が原因で夫の元から引き離された女性たちを慰めました．聖職者の結婚に関する彼女の冊子はその地方の司教に提出されました．1534－1536 年頃から，ツェルは四つの小さな讃美歌集に序文を書きました．あるルター派の牧師との間で交わされた自伝的な往復書簡（1557 年）は，幾篇の詩編，主の祈り，使徒信条についての信仰的な黙想を綴った彼女の最後の出版物（1558 年）へと引き継がれました．夫の葬儀で語られた彼女の説教の手書きの原稿は今も現存します．

ツェルには異端の嫌疑がかけられましたが，誰ひとりその証拠を呈示する者はおらず，彼女が死去した際は，彼女はルター派の埋葬儀式にのっとって埋葬されました．ツェルは異なる見解をもつ人たちを擁護し，そしてローマ・カトリック教会と再洗礼派にも寛容を求め，さらにマールブルク会談（1529 年）の後には，彼女はルターに，キリスト教の愛の精神をもって彼の神学的な敵愾心を克服するよう，説得する手紙を書き送りました．

16．ギョーム・ファレルとは？

ギョーム・ファレル（1489－1565 年）はフランス人の改革派の牧師であり，神学者でした．彼はジュネーヴの主任牧師であり，そして 1536 年にジャン・カルヴァンにその地で牧師のつとめを始めるよう説得した人物でした．

46 第 1 部 歴史

　ファレルは指導的な人文主義者ジャック・ルフェーヴル・デタープル
（1455－1536 年）のもとで学び，フランスのモー（Meaux［地名］）で，
改革主義者の司教のもとで信徒説教者となりました．しかし，改革の速度
があまりにも遅いため，ファレルは 1524 年にモーを去り，ライン川沿い
の地域やフランス語を話す人々が暮らすスイスの地域の津々浦々で説教を
語りながら 10 年の歳月を過ごしました．1532 年に彼はジュネーヴに宗教
改革をもたらす貢献を果たしました．1535－1536 年までには，ファレル
はジュネーヴ市にプロテスタントの信仰を受け入れさせ，そして，さらな
る改革の事業を見据えていました．

　とある戦闘があったために，カルヴァンは旅路を変更してジュネーヴに
辿り着き，そこで彼は一夜を過ごすだけのつもりでした．しかし，新進気
鋭の神学者で『キリスト教綱要』（1536 年）の著者であるカルヴァンが町
にいるのを聞き及んだファレルは，カルヴァンと面会し，彼になお留まっ
て改革を手伝うよう求めました（いや，命令しました！）．カルヴァンは
平穏な生活を求めていました．しかし，赤い髪で燃え盛るようなファレル
は，もし聞き従わなければ神が彼の仕事を呪うだろう，と激しく言い放ち
ました．カルヴァンはその説得に屈服したのです．

　1536 年から 1538 年 4 月まで，ファレルとカルヴァンはジュネーヴの教
会を新たなプロテスタントの方向へ導いていきました．主の晩餐をめぐっ
てジュネーヴ市の当局者たちと議論となり，彼らはジュネーヴ市から追放
されることになりました．カルヴァンはストラスブールに行きましたが，
1541 年に再びジュネーヴに戻ってきました．ファレルは，1530 年に彼が
宗教改革に着手していたヌーシャテルの牧師となりました．彼は生涯その
地に留まり続けました．

　長年にわたり，ファレルはフランス語圏の卓越したプロテスタントの
神学者でした．彼はフランス初となる宗教改革の小冊子（1524 年），そし
てフランス語での改革派神学に関する初の大規模な著作（『簡要な宣言集
（Summarie et briefve declaration）』，1529），また初のフランス改革派教会

の礼拝式文（La maniere et fasson, 1533 年．しかしおそらく 1528 年）を執筆しました．しかし，ファレルはカルヴァンの賜物を高く評価し，そして彼の牧師としての働きを支えました．ファレルの激情的な気性はさまざまな改革を起こすのには適していました．しかし，彼は他者が具える賜物を公正に認めて，改革の大義のもとに彼らに協力を求めることができました．ファレルが「フランス宗教改革の父」と呼ばれるのはもっともなことです．

17. ジャン・カルヴァンとは？

ジャン・カルヴァン（1509−1564 年）は改革派神学の伝統にとっての指導的な改革者でした．カルヴァンの後継者たちは「カルヴィニスト」と呼ばれました．カルヴァンの神学は，ルターの諸見解に対するもう一方の側の神学的理解を構築するうえで，唯一のではないにせよ，最も重要な声でした．

カルヴァンはフランスのノワイヨンのピカルディで生まれ，そして聖職者になるための勉強を始めましたが，それは彼の父が彼は法律家になるべきと決めるまででした．彼の父が亡くなったとき，カルヴァンは再び自由七科（リベラル・アーツ）を学ぶことに切り替えました．さまざまな大学で多様な学びがある中，カルヴァンは人文主義の学びへと導かれていきました．

1533 年と思われますが，カルヴァンは「回心」を経験し，ルターの思想の学びをとおして福音主義的なプロテスタントの一員となりました．カルヴァンは 1534 年にパリから逃亡し，フランスを離れ，そして 1536 年にギョーム・ファレルからジュネーヴでプロテスタントの改革を実施するために共に働くようにと命じられるまで，バーゼルに滞在していました．1538 年に市議会との議論が原因でカルヴァンとファレルがジュネーヴから追放された後，カルヴァンはストラスブールでフランス人亡命者たちの

牧師となりました．この地でカルヴァンはマルティン・ブツァーと親しくなりました．1541年にカルヴァンはジュネーヴに再び戻るよう招聘を受け，そして，残りの生涯を，市の主任牧師，神学者，執筆家としてこの地で過ごしました．彼は国際的な人物となりました．ジュネーヴでの彼の関心事は，教育や貧しい人々の救援などを含め，多岐にわたりました．

カルヴァンの著作は広範囲にわたりました．1536年から1560年にかけてラテン語とフランス語で版を重ねた『キリスト教綱要』は彼の主要な神学的な著作であり，権威ある名著となりました．カルヴァンは聖書の大部分について註解書を執筆し，その『綱要』はカルヴァンの解釈による聖書が意味するものを神学的に表明するものでした．

カルヴァンはしばしば選びの教理や予定論と結び付けられます．彼はこれを，罪人に対する無償の賜物としての神の恵みによる救いの現出である，と理解しました．教会は，聖霊の働きによってイエス・キリストを信じる信仰の賜物が授けられた人たちの「神の選び」です．カルヴァンの強力な主眼点は，罪人が自らのために自力ではどうすることもできないこと──罪を赦されて，イエス・キリストをとおして神との間に信頼と愛の関係を確立すること──を罪人のためにしてくださる，神の主導権にありました．

18. ジョン・ノックスとは？

ジョン・ノックス（1514−1572年）はスコットランドの指導的な改革者であり，スコットランドの長老主義の創始者として知られています．

ノックスはローマ・カトリック教会の司祭に叙階されました（1536年）．しかし，彼はプロテスタントに回心し，スコットランドのセント・アンドリュースの説教者として招聘を受けました．セント・アンドリュース城がフランス軍によって陥落したとき，プロテスタントだったノックスは19

か月間，フランスのガレー船の舟漕ぎ奴隷として収監されました．彼は解放されると（1549年），イングランドで説教者となり，そして国王エドワード6世のチャプレンとなりました．ローマ・カトリック教会の信奉者であるメアリ・チューダーがイングランド女王に即位すると（1553年），ノックスは亡命を余儀なくされました．1555年に，ノックスはジュネーヴにいました．そこで彼はカルヴァンのもとで学び，亡命者たちの牧師となり，ローマ・カトリック主義とその指導者たちの打倒へと駆り立てる著作を執筆しました．ノックスはフランクフルトでの牧師でもありましたが，彼はそこで礼拝を行う上での諸々の論争に巻き込まれました．

　1559年にノックスはスコットランドに帰国するよう招聘を受けました．彼は活発に説教を語り，そしてスコットランドのプロテスタントの改革のための理想を推し進めていきました．1560年にノックスと同僚たちは「スコットランド信仰告白」と「第一規律の書」（1560/1561年）を起草し，前者は議会で承認され，こうしてスコットランドでは長老制度による教会政治を樹立するに至りました．教皇の権威は撤廃され，ミサの典礼は違法となりました．ローマ・カトリックの信奉者で，1561年から1567年までスコットランドを統治するためにフランスから帰国したスコットランド女王メアリと，ノックスはしばしば激論を交わしました．ノックスはエディンバラのセント・ジャイルズ教会の牧師で，国を代表する説教者でした．

　ノックスは，おもにイングランドとスコットランドにおける女性たちの統治に反論する『女たちの奇怪な統治に反対するラッパの最初の高鳴り』（1558年）を執筆しました．彼の『スコットランド宗教改革史』はスコットランドの改革で起きた出来事を物語りました．

　ノックスによる神学的な強調点は聖書の権威と神の主権にありました．教会は，神によって選ばれ，召された人たちのことです．教会は，御言葉の説教，聖礼典（サクラメント）の正しい執行，そして教会的な規律がしるしとなります．「規律」のしるしは，カルヴァンが定義した教会のしるしには含まれていませんでした．しかし，スコットランドの長老制度の文

脈においては，規律はとりわけ重要でした．

19. メノー・シモンズとは？

　メノー・シモンズ（1496−1561年）は，後に再洗礼派となったローマ・カトリック教会の司祭であり，非暴力的なオランダの再洗礼派の一団の指導者でした．彼の後継者たちはメノナイト派として知られています．

　メノーは，聖餐式で用いられる物素がイエス・キリストの体と血になるというローマ・カトリック教会の実体変化の教理に疑念を抱き始めました．改革者のメルキオール・ホフマン（1495−1543年）が成人に洗礼を授けるようになったとき，メノーは自分が幼児洗礼を裏付ける論証を何一つ確立できていないことに気づかされました．1534年までに，彼の考え方はホフマンによる「メルキオール派」の見解に傾斜していきました．

　メノーは，自らは否認していた大勢の再洗礼派の人々が殺害されたミュンスターの大虐殺（1535年，Q 29を参照）に悲嘆し，彼は生き残った再洗礼派の人たちを暴力的な志向から引き離すように導くために，司祭のつとめを辞任しました．一年のうちに，1536年から1537年にかけての冬に，彼は再洗礼派の指導者オッベ・フィリップス（1500−1568年）から洗礼を受け，そして長老に任職されました．こうして彼は25年もの間，自らの再洗礼派の立場ゆえに法律によって逮捕されてしまわぬよう気をつけつつ，迫害され続ける生涯を過ごすことになりました．1542年に彼はカール5世によって逃亡者と宣告されました．1561年にメノーは亡くなり，遺体は彼が所有していたキャベツ畑に埋葬されました．

　メノーは再洗礼派の人たちに対してリーダーシップを発揮し，彼らの中で最重要人物になりました．彼は，成人洗礼に着手するとともに，キリストの弟子に相応しい生活を教えました．救われた人々は，自らの信仰の真実性の証拠として，律法に適う善い行いをしなければなりません．信仰者

は自らの信仰生活においてイエス・キリストの完全性を自らの身につけようと努力すべきなのです．

再洗礼派の「シュライトハイム信仰告白」（1527年）では除名の教理——すなわち，その共同体の中で罪を犯した弟子たちはその共同体から追放されること——が教えらえていました．メノーはこれを精力的に主張しました．多様な価値観をもつ文化では，メノーがこれこそ真にキリスト教的であると確信した厳格な規準に服しようとはしないため，広大な「キリスト教社会」を確立することは望めませんでした．したがって，メノナイト派は自らを，支配的な文化や社会の実践とは対極にあるとみなしました．かくして，教会には霊的な武器しかない以上は，暴力を行使することなど決してあってはなりません．真の力は平和主義の中にこそあって，戦闘行為の中にはない，との立場です．

20. ウィリアム・ティンデルとは？

ウィリアム・ティンデル（1494－1536年）は英語聖書への翻訳家であり，神学者でした．彼の神学的な見地は，ヨーロッパ大陸での初期のプロテスタントの議論の中から浮上してきた多様な強調点を融合したものでした．

ティンデルはグローチェスター州で生まれ，そしてオクスフォード大学教育を受けました．彼はエラスムスの著作集に精通するようになり，そして自らの個人的な経験から，イングランドの教会の改革にとっての最善の可能性はイングランドの人々の母語に翻訳した聖書から始めることにある，と確信しました．

イングランド教会の上層部は自国語への翻訳に反対しました．なぜなら，これはジョン・ウィックリフと彼の後継者のロラード派の異端と結び付くからでした．その結果，1524年にティンデルはドイツへ渡り，そして一年の内に，新約聖書をギリシア語から翻訳してしまいました．これはギリ

シア語から翻訳されて，英語で印刷された最初の新約聖書でした．ティンデルにはギリシア語について秀でた知識があり，ヘブライ語を独学で学び，しかも印象深い英語で書ける賜物がありました．彼の働きは，ルターを理解することによっており，それが彼の翻訳にも影響を与えました．この英訳聖書はドイツのウォルムスで刊行され（1526 年），その後数多くの部数がイングランドに密輸されましたが，それらはイングランドの当局によって焚書となりました．

その後の十数年間，ティンデルは自分の身を隠しながら，旧約聖書の翻訳に取り組みました．彼は新約聖書の改訳版を出版した後，1535 年に，オランダ人の手によって捕えられました．1536 年にティンデルはブリュッセルの近郊で火刑に処せられました．ティンデルの翻訳を土台にした聖書が 1535 年に刊行され，そして公認された英訳聖書が 1537 年に登場しました．1611 年に刊行されたジェームズ王欽定聖書で使われた英語では，新約聖書のおよそ 90％がティンデルの用いた言葉や構文に合致するなど，ティンデルの翻訳がその土台作りに貢献しました．

ティンデルの神学は，信仰義認を強調し，さらに聖書的契約をめぐる彼の捉え方によって深い影響を受けています．彼は「一キリスト者の服従(*The Obedience of a Christian Man*)」（1528 年）の中で，教皇権に対する国王の権威を擁護しました．

 21. ヘンリー 8 世とは？

チューダー王朝のヘンリー（1491−1547 年）は 1502 年に彼の兄アーサーの死によってイングランドの王位の継承者となり，1509 年 4 月 22 日に国王に即位しました．スペインの王女で，亡くなった彼の兄の未亡人だったキャサリン・オヴ・アラゴンと彼は 1509 年 6 月 11 日に結婚しました．

ヘンリー 8 世の生き方は，権力と威厳を兼ね備えた為政者になろうと志

すスケールが大きなものでした．宗教に関しては，ルターの見解に注目が集まり始めた頃に，ヘンリーはローマ・カトリック教会の伝統的な聖礼典理解を擁護する冊子を刊行しました（1521 年，おそらくはトマス・モア［1478－1535 年］の助力による）．教皇レオ 10 世は彼を「信仰の擁護者（Fidei Defensor）」と呼びました．

　ヘンリーとキャサリンの子どもではメアリ姫（後に，ローマ・カトリック教会の信奉者の女王として，「血のメアリ」として知られた）だけが成人まで生き残りました．ヘンリーはキャサリンとの結婚が神の律法を犯しているため無効である，と確信するに至り，そうして，彼は教皇クレメンス 7 世から結婚の無効の裁可とともに，アン・ブーリンとの結婚に対する教皇の特免状を得ようとしました．審議は 1527 年から 1529 年まで長期化しました．

　アンが（1558－1603 年に君臨した娘のエリザベスを）妊娠したとき，事柄を決すべき事態が急展開しました．ヘンリーは，無効判決を待つまでもない，と提案する聖職者トーマス・クランマー（1489－1556 年）を取りたてました．こうして，クランマーはカンタベリーの大司教に任職され，そして，ヘンリーとアンの結婚式の式司を務めました（1533 年）．教皇がヘンリーを破門すると脅しをかけてきたとき，議会は英国教会の首長は教皇ではなくイングランドの国王であると宣言する「首長令」（1543 年）を可決しました．

　ヘンリーが教会の首長となるのとともに，イングランドの改革は始まっていました．しかし，イングランドはプロテスタント路線に完全に移行したわけではありませんでした．ヘンリーの見解は保守的で，そして彼は，ミサにおけるキリストの現臨や司祭の独身制，救いのための「善行」の重要性などに対する熱烈な忠誠を守っていました．彼はさらに，主流派のプロテスタントの人々を処刑したため，大勢のプロテスタントの人たちが大陸に安住の地を求めるようになりました．しかしながら，ヘンリーは修道院を解散させ，偶像崇拝を禁止し，そして「大聖書」が出版されたとき（1539

年），その見開きの頁にはヘンリーが教会の指導者たちに聖書を手渡しする版画が印刷されました．こうして，ヘンリー自身は宗教的には謎めいた人物でした．しかし，彼は，国王としての自らの役割と教会の首長としての役割とを混然一体にみなしました．

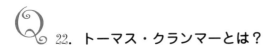
22. トーマス・クランマーとは？

　トーマス・クランマー（1489-1556年）は，イングランド王ヘンリー8世によってイングランド教会の首席の地位にあるカンタベリー大司教に任職された（1533年），複雑な人物でした．
　クランマーはケンブリッジ大学のジーザス・カレッジを卒業し，1526年に神学博士号の学位を受領して，司祭に叙階されました．1529年には，アン・ブーリンと結婚できるようにと，ヘンリーの離婚に加勢するプロパガンダを演出するため，クランマーはヘンリー8世のために働き始めました．1532年にヘンリーは彼を大司教職に任命し，そして彼は1533年3月30日に任職されました．
　この時までには，クランマーはルター派の牧師アンドレアス・オジアンダーの姪と結婚しており，彼は福音主義者の一人になっていましたが，他方で彼は（教皇との）交渉の使節団にも加わりました．ヘンリーは，クランマーが自らの離婚に無条件に支持してくれるものと信じていました．クランマーは，ヘンリーの結婚を無効とし，彼とアン・ブーリンとの結婚を司式しました．
　クランマーは，福音主義の大義名分のために慎重に働き，そしてヘンリーの命令を遂行しました．彼はヘンリーからの信頼を保ちながら，幾つもの新しい礼拝形式を導入していきました．ヘンリーの，まだ幼い息子エドワード6世が王に即位したとき（1547年），クランマーは本格的なプロテスタントの改革へと導いていきました．彼は改革者のマルティン・ブツァーを

イングランドに迎え入れ，主の晩餐に関する冊子を執筆し，そしてイングランド教会のために教義に関する諸条項を起草しました．彼は礼拝改革を普及させた『共同祈祷書』（1549 年）の代表執筆者でした．クランマーはプロテスタント諸教会の合同に関心をもち，そして幅の広い改革派の神学理解をもち合わせていました．

　この大司教はメアリ 1 世（「血のメアリ」）の即位に反対しました．彼女は反逆罪と異端を理由に彼を投獄しました．獄中ですっかり気力を奪い取られたクランマーは，一連の改革の撤回に署名しました．しかし，メアリはさらに彼をオクスフォードで火刑に処するよう命じました（1556 年）．クランマーは真っ先に自らの右手を炎の中に突っ込み，そこが最初に焼けたことで，劇的なしかたで彼がその手で署名した撤回に対する彼の拒絶の意思を象徴させました．最期の最後まで，彼はプロテスタントへの忠誠を貫徹しました．

23. イグナティウス・デ・ロヨラとは？

　イグナティウス・デ・ロヨラ（1491-1556 年）はローマ・カトリック教会の改革者であり，イエズス会の創設者でした．彼の影響力は強く，今なお途絶えていません．彼はローマ・カトリック教会の福音伝道を革命的に改め，幾つもの学校を設立し，そしてローマ・カトリック教会の正統性を保持しようと努めました．

　イグナティウスはスペインのロヨラ城で暮らす貴族の家庭に生まれました．戦士となった後，1521 年にフランス軍とのパンプロナの戦いで右足を負傷しました．長期にわたる療養期間に，イグナティウスは諸聖人の生涯の物語などを含む数々の霊的な書物を読みました．彼の人生は神の栄光を追求したいと願うようになるまでに大きく変えられました．彼は自らの深淵かつ神秘的な経験から『霊操』の執筆へと導かれ，これはイエズス会

の霊性の核心をなす書物となり，そして刊行後も彼は四半世紀をかけて改訂し続けました．

イグナティウスはエルサレムのイスラム教徒たちを改宗させたいと望みましたが，彼はまずは自分自身が教育を受ける必要があることを悟りました．彼はバルセロナの少年学校でラテン語を学び，そしてアルカラとサラマンカにある大学に通い，その後パリ大学に進学しました（1528−1535年）．彼の周囲には，後にインドと日本に宣教師として派遣されたフランシスコ・ザビエルを含む6人の学生が集まってきました．この集いがイエズス会の中核となり，そしてこの6人の大半が1537年に司祭に任職されました．教皇パウロ3世は1540年に彼らのことを教会の一組織として公認しました．

イグナティウスはルターがプロテスタント教会で行ったような役割をローマ・カトリック教会で果たしました．彼は教会の問題を規律の問題とみなした優れた創設者でした．彼の会則は教会への服従を重視しました．彼の『霊操』は何千という人々の霊的生活にとっての礎となりました．イエズス会の宣教師たちは伝道の熱情をもって新しい世界にキリスト教を伝えました．イエズス会は幾つもの学校を開設し，教育がイエズス会の主要なつとめとなりました．

イエズス会の神学者たちはトリエント教会会議（1545−1563年）では傑出しており，益々プロテスタントの改革に対抗する使命を継承していきました．

3

出来事および展開

 24. ロラード派とは？

　ロラード派はジョン・ウィクリフの働きに刺激を受けて形成されました．彼らはローマ・カトリック教会から異端とみなされたウィクリフの見解や立場を広め，社会に普及させました．14世紀後半から「ロラード」（または「ウィクリフ派」）という用語で神学者や説教者たちを異端者に分類しました．この用語は，イエスが語られた良い種の中から芽生えた毒麦の譬え話（マタイによる福音書13：24—30）を想起させる「毒麦（雑草）」を意味するラテン語「lolia（ロリア）」に由来しています．

　ロラード派は，その特徴においては明確に反教職制の運動でした．それには多様な広がりをもつ信仰者たちが含まれており，既存の宗教的権威を脅かす者として理解されていました．中心的な関心事は，既存の教会の諸実践に関する神学的な議論について学ぶ時も，聖書を学ぶためにも，英語を用いることにありました．

　ロラード派は一般の人々の運動でした．ロラード派はウィクリフの諸見解を受け継ぎ，そして，伝統的なローマ・カトリック教会の教えを批判するために，彼による英訳聖書を用いました．教会の莫大な教会財を論駁する諸種の正当性を彼らは聖書の中に見出し，そして，一人ひとりのキリス

ト者が司祭としての役割りを担えると考えるに至りました．信徒の司祭性は，教会によって叙階された司祭たちへの告解や罪の告白のサクラメントは必要としないことを意味しました．告白はただキリストだけになされるようになりました．

1401年以降，イングランドの権力者たちはロラード派の人々を迫害し，そして彼らは異端の嫌疑で審理され，火あぶりにされかねない事態になりました．このことはロラード派が，聖書の学びと説教によって生きながら，大部分が地下運動になったことを示します．翻訳された聖書，わけてもウィクリフの共鳴者による序文付きの翻訳聖書は非合法でした．そうした聖書の所有がロラード派を識別する一手段でした．

ロラード派は聖書や神学議論をイングランドの一般人の生活の中に持ち込むことに貢献しました．その説教は，日々の生活の中でキリストに倣い，キリスト教の信仰生活を生き，そして，聖霊によって促されつつ，サクラメントの助けを得ながら，神の言葉によって導かれる必要性を強調しました．

25. ウォルムス帝国会議では何が起きたのか？

1520年5月20日に教皇レオ10世は，ルターの書物，特に彼の九十五箇条の提題の第41条を非難する「*Exsurge Domine*（起きたまえ，主よ）」という一つの勅書，あるいは宣言を発布しました．それは，もしルターが60日以内に自分の見解を撤回もしくは廃棄しなければ彼は破門される，と脅迫するものでした．ルターはこれを拒みました．逆に，彼は教皇制度に対抗する一連の冊子を次々と世に送り出しました．1520年12月10日にルターは公然と教皇の勅書を燃やしました．1521年にルターは教会から破門されました．1519年にライプツィヒでルターと討論していた神学者ヨハン・エック（1486－1543年）は神聖ローマ帝国の皇帝カール5世に，

ルターの側にではなく教皇の側に加担するよう要請しました．カールはルターの諸々の見解に対処するため，彼をドイツの南西部にあるウォルムス市で開催される帝国議会（立法議会）に召喚しました．ルターは市までの身の安全を保証され，そして彼を激励する群衆に出迎えられました．彼は十分に身の危険を察知していましたが，後に彼が語ったように，もしそこに「家の屋根の一枚一枚の瓦の数ほどの多くの悪魔たちがいた」としても，彼はウォルムスに向かおう，と意を決しました．

ルターは1521年4月17日に代議員たちの前に姿を現しました．彼は自らの見解を撤回するよう命じられました．彼は一日だけじっくり考える猶予を要求しました．しかし，その翌日，彼は公にした自らの見解を撤回するのを拒みました．よく知られているように，彼は「聖書あるいは明確な理性によって」自らが納得させられない限り，聖書によって捕らえられ，そして良心は「神の言葉に拘束され」たままである，と答えました．こうして，彼は自らの良心に背いて進路を取ることはできなかったので，彼は何一つ取り下げることもできなかったし，そうしようとも思いませんでした．彼はこう結論付けました．「神がわたしを助けてくださる．アーメン」．伝えられているところによれば，「神がわたしを助けてくださる」と言う前に，ルターは「わたしはここに立つ．わたしはそれ以外，何もできない」と言いました．ルターが実際に「わたしはここに立つ」と言ったかどうかは疑わしいとしても，不確実極まる状況や死の危険に直面する中でのこの発言は，ルターの勇敢さを象徴しています．

 26. ルターはワルトブルク城に匿われていた期間に何をしていたのか？

ルターがウォルムス帝国議会で自らの神学的見解を撤回するのを拒んだ後，1521年4月26日に彼は密かにその街を去りました．5月25日にカール5世は，ルターを法治外と宣言する布告書，「ウォルムス勅令」に署名

しました．ルターは，（召喚時の約束に基づいて）彼の当座の身の安全のための護衛を受け入れたものの，指名手配犯となりました．彼は逮捕されるべき人物となったのです．誰も合法的に彼を匿うことはできず，しかも彼の本は，印刷も販売も，読むこともできませんでした．

　ヴィッテンベルクへの帰途の最中，彼は3月3日に彼の「誘拐事件」が今に起こると告げられました．ルターは皇帝側の安全護衛の役人たちの任を解きました．その翌日，テューリンゲンの森から顔に覆面をした男たちが馬に乗って現れ，彼に何者かを名乗るよう命じました．それから彼らはルターを捕らえると，消え去りゆくまで，彼に自分たちと並走させました．この誘拐は賢公と称される選帝侯フリードリッヒによって計画されたものでした．ルターはアイゼナハの市街を一望できるワルトブルク城に連れて行かれました．

　そこでルターはおよそ一年間，自らの修道士としての慣習も捨てて，髪も伸び放題のまま，「騎士ゲオルク」のふりをして，安全に暮らしました．彼はこの期間，新約聖書をギリシア語からドイツ語に翻訳することに費やしました．彼は僅か10週間でこれを仕上げ，その新約聖書は1522年に刊行されました．ルターは，ローマ・カトリック教会の公認のラテン語のウルガタ聖書の代わりに，エラスムスによるギリシア語新約聖書の第二版（1519年）を用いました．この間に，ルターは数々の町や市場に赴き，一般市民が話す言葉に耳を傾け，こうして彼は人々が一般的に使っていたドイツ語で聖書を翻訳することができました．1534年に，他の人々の助けを得ながら，ルターによるドイツ語訳聖書の全訳版が刊行されました．

　ルター訳新約聖書の一つの特徴は，ルターがローマの信徒への手紙3章28節で「信仰」の後に「のみ」（ラテン語で *sola*，ドイツ語で allein）の語を書き加えたことでした．今日，これは次のように訳されています．「なぜなら，わたしたちは，人が義とされるのは律法による行いよるのではなく，信仰［のみ］によると考えるからです」（新共同訳）．ドイツ語の話し言葉では必要であり，パウロが意図した意味とも合致するため，この加筆

は妥当である，とルターは主張しました．イエス・キリストにおいて人間にもたらされる救いの道筋を把握するうえで，「信仰のみ」はルターのスローガンの一つとなりました．

27. 農民戦争とは何か？

農民戦争（今日では「一般民衆の階級闘争」と呼ばれることもある）は1524年から1525年にかけてドイツで起きた一連の出来事でした．これらは農民，農場経営者，それに一般の労働者たちも加わってはじめられ，幅広く社会的平等を希求する他の人々からも支持されました．疑問点は，ルターの教えがどれくらい経済的かつ社会的な諸状況の変革への欲求を掻き立てる役割を担ったのかということです．

ドイツ社会では，農民たちが置かれていた状況は過酷でした．社会的な階級の最底辺にあった人々は，ただでさえ自分たちの生存を維持し，自分たちの家族を養うだけで精一杯の，非常に困窮した暮らしをしていました．領地の地主や教会からの，借地料，使用料，手数料，税金，（小作人としての）用役代，十分の一税といった支払いの要求がどんどん増えて，ひっ迫は高まるばかりでした．教会から求められる十分の一税，それに農奴の身分の状況が，最も根強い不平でした．急進的な宗教理念が広まる中，社会的な不満や社会的な正義に関わる係争の是正が，福音の受容と結びついていきました．

1524年の春，農民たちはルップフェンやシュテューリンゲンの各郡から，ヴァルツフートへと進んで，暴動を起こしました．それ以降，反乱は徐々に広がっていきました．フランケンハウゼンの戦いには，農民たちの霊的指導者トーマス・ミュンツァーも加わり，ヘッセンのフィリップが率いるローマ・カトリックとルター派の連合軍と対峙しました．フィリップが和平の交渉を申し出た際，農民たちの目に，空にかかる虹が見えました．ミュ

ンツァーは農民軍に二つの戦旗をデザインしていて，その一つが白地に描かれた虹でした．虹の出現は農民軍にとっては，神が彼らと共にいることを示すしるしでした．こうして，彼らは和平の申し出を拒みました．しかし，これによって，フィリップの軍隊が農民軍をせん滅するに至りました．ミュンツァーは捕らえられ，1525年5月25日に斬首刑に処せられました．

　当初，ルターは農民軍の動向を不正な領主に対する神の裁きと捉えました．市民の諸問題に関しては市民の権力者に委ねられる必要があるとのルターの見解から，領主たちが彼の忠誠を求めてきたことも相俟って，農民戦争を激しく批判するようになりました．ルターは激烈で暴力的な言葉を使って『農民の強盗的で殺人的な徒党に対して』を書き，ドイツの君公たちに「地上における神の剣」となって反乱軍を鎮めるよう主張しました．フランケンハウゼンでは6千人以上もの農民たちが殺され，そして，すべての戦場をとおしては十万以上もの人が亡くなりました．後にルターは心底から後悔しましたが，ルターのこの反応によって，ドイツ南部では多くの人々がルター派から離脱し，キリスト教信仰を表明するかなり急進的な一団へと転じていきました．

28. 急進的な宗教改革とは？

　歴史家たちは「俗権と連携する宗教改革」や「急進的宗教改革」という言い表し方をします．

　「俗権と連携する宗教改革」とは，ルター派（ルターの後継者たち），改革派（ツヴィングリとカルヴァンの後継者たち），そしてイングランドにおけるイングランド教会（後のアングリカン［聖公会］）の改革運動を評する言葉です．これらはそれぞれに異なる地域で，領主や市民を治める統治者たちによって支持され，さらには，法定までされた改革運動でした．

　「急進的宗教改革」は上記の三つの主要な信仰告白的な伝統をもつ地域

的な諸教会には属さない，改革者たちや改革の諸団体 —— 教会，兄弟的共同体，セクト，等 —— を評します．このグループはしばしば「左翼的宗教改革」とも呼ばれてきました．「急進派」を指導したひとりの中心的な人物がいたわけではありませんでした．おもだった指導者たちは，バルタザール・フープマイアー（1481－1528 年），トーマス・ミュンツァー（1489－1525 年），メルキオール・ホフマン（1495－1543 年），ピルグラム・マーペック（1495－1556 年），そしてメノー・シモンズ（1496－1561 年）でした．

　宗教改革の，この翼につながる人たちの間では，キリスト者であることの典型的な特徴となる弟子性（ディサイプルシップ）を強調しつつ，また一般的な規範に抗して生き，しかも一般社会から「隔絶」されたものとしてのキリスト教的な生き方を理解して，純粋なキリスト教的共同体を形成することに徹底して固執しました．彼らの共通点は幼児洗礼の否認でした．成人洗礼もしくは「信仰者の洗礼」がこの（サクラメントではない）「慣行」の規定でした．「再洗礼派（アナバプティスト）」（接頭語の「アナ」はギリシア語で「再び」を意味する）とは元来，幼児洗礼をキリスト教の信仰や弟子性の適切な表明としては認めず，そのためすでに幼児期に「受洗」していた人々に対し，「再びの洗礼」を執り行ったこの一団の人々を揶揄するために用いた呼称でした．

　急進的な宗教改革運動に属する人たちは，公式的な，または組織的な神学を展開しませんでした．自分たちの運動や指導者たちがヨーロッパ中で迫害されていたため，彼らは苦難をキリスト教的な生き方の象徴であると捉えました．彼らは，公式な諸教会の外側にあって，教会における自分たちの霊性と生活を，自らの強固なキリスト教的献身を映し出せるような独特なしかたで展開していきました．

29. ミュンスターの再洗礼派に何が起きたのか？

　農民戦争は，多くの再洗礼派の人たちをこの世から切り離し，「シュライトハイム信仰告白」（1527年）によって示唆されたような平和主義へと向かわせたものの，すべてがすべてそうだったわけではありませんでした．
　黙示的な説教が，司祭でもなく教育を受けた神学者でもなかったメルキオール・ホフマンの特徴でした．ヴィッテンベルクでホフマンは自分自身を信徒説教者と宣言しましたが，幾つもの町々で宗教上の騒動を巻き起こした挙句に，ホフマンは何百もの人々に洗礼を授け，ドイツのイースト・フリージアに複数の教会を創立しました．彼は自らを新たな預言者と見立て，そして，キリストが地上に再臨される前に不敬虔な人々はみな地上から一掃されるだろう，と宣言しました．それは俗権の行使者たちにその潜在的な危険性が孕んでいることを警告したメッセージでした．彼はストラスブールで投獄され，1543年も終わりに近づいていた頃に，いつしか亡くなっていました．
　けれどもホフマンの思想はダークやオッベ・フィリップス，メノー・シモンズといった支持者たちを鼓舞しました．ある弟子たちは彼の理念のもとにミュンスターに聖なる王国を設立しようとしました．ライデンのヤン・ファンと，ハーレムのカリスマ的なパン焼き職人ヤン・マティアスという二人の指導者が，オランダでの再洗礼派の迫害から逃れてこの街に来ていました．新しいエルサレムがドイツ北西部の都市ミュンスターに確立されるだろう，と彼らは教えました．こうして，この都市に原始共産的な生活様式が確立され，再洗礼派以外のすべての人の脱出が始まりました．これに対応して，ローマ・カトリックの軍隊とルター派の部隊が，この都市を包囲しました．（これによって）マティアスは戦死しました．ライデンのヤン・ファンはこの都市に，誓うだけでその当人を死刑にできるような神

権政治をもたらすために新たな法律規程を作りました.彼は強制的な一夫多妻制を宣言し(彼には16人もの妻がいた),1534年9月に自らミュンスターの王に即位しました.

しかし,都市の包囲状態は続き,この都市の食糧供給は乏しくなり,1535年6月25日に陥落しました.ほぼすべての住人は殺害され,指導者たちは拷問を受け,彼らの体は檻に入れられて教会の尖塔から吊り下げられました(その檻は20世紀まで現存していました).

このことから,この悲惨な出来事を,ある再洗礼派の人たちはこの世の権力を追求した人間の末路とみなしました.他の再洗礼派にとって,この悲劇は,暴力は暴力の連鎖を生じさせること,そして平和主義こそがキリスト教の唯一の正統な立場であることを証明するものでした.

 30. マールブルク会談とは?

マールブルク会談は,ヘッセン州のフィリップ伯爵が所有するマールブル城で会合が行われたことから,そう呼ばれています.それぞれ多様な宗教改革のグループ間の神学上の合意や政治的な一致を促す期待を込めて,宗教改革の主要な指導者たちが招待されました.

この会談は1529年10月1日から4日にかけて,マルティン・ルターとフィリップ・メランヒトンに率いられるドイツ側(ルター派)と,フルドリヒ・ツヴィングリ,ヨハン・エコランパディウス,そしてマルティン・ブツァーに率いられるスイス側(改革派)との間で行われました.参加した双方は,提案された議題の全15の項目中,14項目で合意しました.合意事項には,三位一体,キリストの位格,信仰義認,幼児洗礼,ローマ・カトリック教会の実体変化説——主の晩餐で用いられる物素がイエス・キリストの体と血へと実体的に変化する——の見解の拒否,等が含まれました.合意できなかった一点は,主の晩餐におけるキリストの現臨の実

質に関するものでした．

　ルターは何度も繰り返しツヴィングリの見解を非難しました．ルターはテーブルの上に制定の言葉（コリントの信徒への手紙一11章24節），「これはわたしの体である」をラテン語（*Hoc est corpus meum*［ホック・エスト・コルプス・メウム］）で書きました．この言葉から，ルターは一歩も譲ろうとはしませんでした．ルターはイエスの言葉を文字どおりに解釈しました．ツヴィングリは「である」は「を表現する」もしくは「わたしの体を示す」と解釈しました．この論点に関しては，どんな言葉も神学も，両者の間の溝に橋を架けることはできませんでした．会談の最後に，ルターはツヴィングリと他の出席者たちにこう言いました．「もしあなたがたの霊とわたしたちの霊が一致しないならば，わたしたちが同じ霊を持っていないのは明らかだ」．

　両陣営の決裂は，ルター派と改革派との間での大きな亀裂となりました．どのような中庸的な立場も見出せませんでした．主の晩餐におけるキリストの現臨をめぐる論点は，さらにキリスト論やキリストの位格における相違点も際立てることになりました．台頭しつつあるプロテスタント諸派の一致を促進させようと開催された指導者間の会談は，一つの神学的な相違点が論争となり，二つのプロテスタントの伝統の溝を押し広げる場所となりました．

 31. **異端審問とは？**

　異端審問（ラテン語の「審査」に由来し，その動詞形は「問いただす」の意味で，さらには聖庁とも呼ばれた）は13世紀にはじまりましたが，16世紀の宗教改革の時代の間に，新たに重要なものとなりました．宗教改革以前に，異端審問はローマ・カトリックの機関でしたが，それぞれの地域で独特なありかたをしていました．この機関のねらいは人々の間での

信心の正しさを監督し，強化することでした．

　スペインでは，ユダヤ教徒，特にローマ・カトリック教会に改宗した元ユダヤ教徒に対して，彼らが実際に自分たちのユダヤ教的な見解や実践を放棄したかどうかを調べるために，国王フェルディナンドと王妃イザベラが異端審問会を開設しました．1492 年と 1502 年には，国王による法令により，ユダヤ教徒とイスラム教徒に対して，ローマ・カトリックに改宗するか，それとも国を去るかの二者択一を命じました．スペインで宗教改革が起きた際には，スペインの異端審問はすべての異端者を根絶することに集中しました．この活動はひとりの大審問官によって指揮されました．スペインの異端審問の組織者は托鉢修道士のトマス・デ・トルケマダ（1420－1498 年）でした．異端審問会によって，悔い改めない異端者として有罪の判決を下された人々は，刑罰に処すべく，世俗の為政者たちに引き渡されました．拷問が異端的な見解の撤回を迫る手段でした．

　1540 年代に，教皇パウロ 3 世がイタリアで宗教改革の思想が広まっているのを憂い，ローマの異端審問会として知られる異端審問団を組織し，1542 年から活動をはじめました．ローマの異端審問会の目的はローマ・カトリック教会の正統性を守ることでした．異端は神への反逆行為であり，刑罰を受けるに値する大罪とみなされました．この聖庁は，秘密裏に審議をした教皇と 6 人の枢機卿たちによって統轄されました．最も有名な裁判は，太陽が世界の中心であるという（コペルニクスの）見解のゆえに有罪とされた，1633 年のガリレオ・ガリレイの裁判でした．この見解は異端的で，聖書と矛盾するとみなされました．ガリレオは人生の残りの期間を自宅での軟禁状態のまま過ごしました．

　スペインの異端審問によって，およそ 3 千人もの人々が処刑され，ポルトガルの異端審問では約 1 千人が，ローマの異端審問ではおそらく 150名程が処刑されたと推定されています．拷問と火あぶりによる処刑が，プロテスタントを抑圧する目的を達成するために異端審問が用いた常とう手段でした．プロテスタントの文学は異端審問の恐ろしさをプロテスタント

の信仰者たちの間にしみじみと伝えるのに貢献しました．

 32．トリエント教会会議とは？

　1545年から1563年にかけて複数回にわたる会議として，第19回めとなるローマ・カトリック教会の教会会議が開催されました．この会議は教会内での変化を促し，以後，幾世紀に及ぶローマ・カトリックの教義と実践を確立しました．

　贖宥状の議論をきっかけに1517年にあの提題が提起されて以降，政治的な事情から教会の総会を開催できませんでした．1542年，教皇パウロ3世は教会の一致の回復に期待を込めて会議を招集しました．この期待はすぐに消え失せました．重視されたのは，プロテスタント神学と戦うこととローマ・カトリック教会を刷新することでした．

　イタリアのトリエントの町で三度の会議が開催されたのが，1545年から1547年にかけて，1551年から1552年にかけて，そして1561年から1563年にかけてでした．プロテスタントからの批判に対する応答が提示されました．

　聖書とカトリック教会の伝承の権威をめぐっては，教会にとっての権威は聖書の中にあり，それとともに，教会が聖書の解釈者であるがゆえにその教会の書かれざる伝承の中にある，とトリエント教会会議は宣明しました．

　罪人の義認に関しては，トリエント教会会議は，ただ信仰のみによる義認を主張するルターを斥けました．人間の意志が神の恵みを受け取るためにできることをすることで，人間の功績は義へと向かっていくことができます．この教理を受け入れない者は誰も義とされることはない，とされました．

　サクラメント（聖礼典）に関しては，救いに必要な七つの秘跡をイエス・

キリストが制定した，とトリエント教会会議は宣明しました．この会議は，教会における位階的な司教制度の正しさや，叙階が不可変の特性を新しい司祭に授けることを宣明しました．聖餐式もしくは主の晩餐に関するプロテスタントの諸見解は破棄され，実体変化説が宣明されました．

　最後の会議では，これからの教会のあり方に関する諸問題に論点を転じました．会議は，聖餐式で一般信徒はパンだけに与るべき（一種陪餐）との教会の教えを宣明しました．会議はさらに，結婚および聖職者の独身制度のサクラメント的な性質を擁護するとともに，煉獄，贖宥状，聖人崇拝の教えも宣明しました．司教たちは魂の救済に関わる牧者として定義されました．改善する諸活動には，神学校設立の際の教皇の特許状の発行，聖職者のモラルの改善，説教を語ること，教会における教皇の立場の強化，等が含まれました．

33. アウクスブルクの和議とは？

　「ルター問題」に対する決定的な解決策を得るのに失敗した第2回シュパイアー会議（1529年）の後，皇帝カール5世はルターに対処する別の機会を模索していました．彼は1530年内に，宗教上の問題を再び審議するアウクスブルク帝国議会を招集しました．

　ルターはウォルムス勅令によって逮捕される危険性があったため，彼の同僚のフィリップ・メランヒトンがこれに臨みました．メランヒトンはルターの承認も得た信仰告白を起草し，これは皇帝に提出されました．それは「アウクスブルク信仰告白」（1530年）として知られるようになり，台頭してきた福音主義信仰あるいはルター派の信仰に関する鮮明な要旨でした．

　ローマ・カトリック教会も皇帝も，この信仰告白を拒絶しました．このため，メランヒトンは『アウクスブルク信仰告白の弁証（擁護）』を書く

ことになりました．この帝国議会は宗教論争を収束させるには至らず，そのため，1531年の初頭に，ルター派の領主たちはシュマルカルデン同盟（彼らが会合した土地のシュマルカルデンに由来）として互いに結束しました．この自衛的な連合体はアウクスブルク信仰告白を採択しました．1537年までには，この同盟は35の領邦に広がり，強力な軍事勢力となりました．1546年にシュマルカルデン戦争が起きるまで，この同盟は十年間続きました．この年にルターは亡くなりました．1547年4月24日のミュールベルクの戦いでは皇帝軍が勝利を収めました．しかし，内乱は続きました．1548年にアウクスブルクの暫定協約が成立し，既婚の聖職者を認め，（パンとぶどう酒による）二種陪餐を執行するなどの権利がプロテスタント教会に容認されました．しかし，この暫定協約は不安定な「平和」でした．

戦いがさらに何年も続いた後，第2回アウクスブルク帝国議会（1555年）は武力衝突を終結させるために協議しました．多くの争点が未解決なままでしたが，1555年9月25日にアウクスブルクの和議が締結されました．これは，各領主がその領内ではどの信仰を表明するかを自ら選べる権限を与えることにより，基本的には，ルター主義の教義への寛容を示すものでした．その原則は「*cuius regio, eius religio*（クイウス・レギオ，エイウス・レリギオ）」，すなわち「支配権を有する者が，宗教を定める」でした．異議を唱える人は他の領地に移り住むことができました．自由都市では，ローマ・カトリック教会とルター派のどちらとも，自らの信仰を守ることを認め合わなければなりませんでした．

 34. **三十年戦争とウェストファリア平和条約とは？**

三十年戦争（1618-1648年）はドイツ全土で生じた一連の戦闘のことであり，ヨーロッパで生じた最も破壊的な戦争の一つとなりました．この戦争はローマ・カトリック勢とプロテスタント勢との間で生じました．そ

れはフランスとハプスブルク家が統治するドイツとの間の政治的な権力抗争へと転じていきました.

ルターの九十五箇条の提題から100年後,ドイツのプロテスタントたちは記念祭を行って祝いました.これがローマ・カトリック教会の怒りを買いました.ボヘミアで反プロテスタントの暴行が始まりました.ローマ・カトリック教会を信奉し,新たに即位する皇帝フェルディナンド2世の二人の顧問官が争いを仲裁しようとしていたところ,二人とも城の窓から地面に放り出され,この出来事は「プラハ窓外投擲事件」と呼ばれました.その二人は生きていました.これは守護天使のおかげである,とローマ・カトリック教会は主張しました.プロテスタントの人々は,それは二人が堆肥のかたまりの中に落ちたからだ,と主張しました.しかし,この出来事によりフェルディナンドはプロテスタントの人たちを攻撃するようになっていきました(その後すぐに,彼は神聖ローマ帝国の皇帝に即位しました).

戦いはさまざまに様相を変えていき,そして西ヨーロッパの国々のほぼ全体がこれに巻き込まれていきました.多くの地域のあちこちが廃墟と化し,人口が減少しただけでなく,飢饉や疫病ももたらされました.さまざまな諸国で財政破綻も起きました.

この戦争はウェストファリア平和条約(1648年)によって最終的な決着を迎えました.この条約がもたらした政治的な変化に加え,宗教上の解決には,アウクスブルクの和議(1555年)の承認,それによってローマ・カトリックとルター派以外の公認宗教として,改革派もしくはカルヴィニストの諸教会も含むよう要請されることになりました.ある領地の支配者の宗教が,その地で生きる一人ひとりの宗教を規定しました(*cuius regio, eius religio*).平和条約は市民に対して,もし領主の宗教を受け入れることができなければ,移住することを容認するとともに,自らの良心に従って私的な礼拝を行うことも許可しました.

平和条約が,数々の自治的存在を承認することにより,神聖ローマ帝国

は解体しました．30年戦争による宗教上の結末として，三つの教会団体（カトリック，ルター派，改革派）を承認し，それぞれに異なる信仰の表明が是認されたことで，ヨーロッパの宗教事情にこれまでとは全く違う方向性が示されました．宗教改革から台頭してきたプロテスタントの諸教会は幾数年にもわたって改革を続けていきましたが，多くの人々は平和条約をプロテスタントの「宗教改革」の結末とみなします．

35．イングランド宗教改革とは？

　チューダー王朝のヘンリー（1491-1547年）はヘンリー8世としてイングランドを統治した伝説的な人物でした．今日では，彼は6人の妻たちと彼女たちの命運――離婚，斬首，死，離婚，斬首，生き残り――のゆえに知られています．

　ヘンリーとキャサリン・オヴ・アラゴン（1553-1558年を治めたメアリ1世［血のメアリ］の母）との結婚では男子の世継ぎが与えられず，ヘンリーは，かねてから好意を寄せていたアン・ブーリンと結婚するため，彼女と離婚しようと企てました．教皇クレメンス7世はそれを斥けました．そこで，1533年にヘンリーは秘密裏にアンと結婚しました．イングランドはそれ自体において他のいかなる地上の統治者も存在しない帝国である，とヘンリーは構想を改めました．議会は1534年に諸種の法令――王位継承令，首長令，反逆令，等――を可決しました．これらの法令の中には，イングランドの為政者をイングランドの教会の最高権威者とする法令も含まれていました．ヘンリーの最高政治顧問だったトーマス・クロムウェル（1485-1540年）が，議会を通過すべくこれらの法令を準備し，そしてルター派の宗教改革に影響を受けて，教会の諸改革を実施しました．

　これらの法令は，イングランド宗教改革へと続く諸問題の足がかりとなりました．ヘンリーの息子で，僅か9歳で即位した国王エドワード6世

（1547-1553年在位）のもとで，プロテスタント主義が進捗しました．改革者のマルティン・ブツァーやペトルス・マーター・ヴェルミーリがケンブリッジ大学で教鞭をとり，教会を改革派の方向へよりいっそう移行させていきました．エドワードの後継者メアリ1世はローマ・カトリック教会への回帰を企てました．およそ300人ものプロテスタントの指導者たちが殉教し，それ以外の人々はヨーロッパ大陸のプロテスタントの諸都市へと亡命していきました．

　1558年にメアリは死去し，そしてヘンリーとアン・ブーリンの娘で，メアリの異母姉妹のエリザベス1世が王位を継承しました（1558-1603年在位）．即位から半世紀間，エリザベスの教会は，大陸から帰国して司教や司祭となった大勢のプロテスタント指導者たちによって率いられていきました．神学的には，教会は改革派の方向へと推移しました．しかし，中世の時代からのさまざまな儀式や実践は残され，また教会の礼拝式文や礼拝様式は，イングランド教会独自の形式を展開していきました．神学的な「via media（中道）」は，旧来の実践に即しながらもプロテスタントの宗教改革の諸要素を浸透させようと試みる，教会の「中庸」としばしば称されます．しかし，この教会内にはさまざまな党派が生じました．ある者たちは既成のイングランド教会を好み，またある者たちは礼拝を重んじつつさらなる教会の改革を好み，彼らは「ピューリタン（清教徒）」として知られるようになり，そしてまたある者たちはローマ・カトリック教会の様式があまりにも残存しすぎていると確信し，既存の教会から離脱しました．宗教上の闘争がイングランドの市民戦争（1642-1651年）の主要な様相を呈していました．

 36. エリザベスによる定着とは？

　メアリ・チューダー（「血のメアリ」）の死後，彼女の異母姉妹で，国

74 第 1 部 歴史

王ヘンリー 8 世とアン・ブーリンの娘のエリザベス 1 世（1533－1603 年）
が女王となりました．「エリザベスによる定着」とは，イングランドにお
ける宗教上の争点を解決し，そしてこの国にプロテスタントの信仰を再び
確立しようという取り組みのことです．

　エリザベスは，首長令（1559 年）に即して，教会における（これまでの「最
高の首長」ではなく）「最高統治者」と呼ばれました．この称号は，教皇
を教会の首長とみなすローマ・カトリック教会の人々や，キリストこそが
教会の頭とみなすプロテスタントの人々の感情を害するのを避けるための
ものでした．メアリ・チューダーの前のエドワード 6 世の治世下では，イ
ングランドにおいてプロテスタンティズムは展開されていました．エリザ
ベスの定着の時代には，エドワード時代の諸改革が再導入され，そして改
善されました．これらの取り組みには，『第二共同祈祷書』（1552 年）の
導入も含まれます．統一令（1563 年）では，宗教上のこととして，1553
年のトーマス・クランマーによる四十二箇条を改定した三十九箇条を導入
しました．

　エリザベスの 44 年にわたる統治（1558－1603 年）を経て，イングラン
ド教会（後の聖公会）はこの王国の公的宗教となりました．教会は，改革
派ないしカルヴィニスト型のプロテスタント神学と，かなりの部分でロー
マ・カトリック教会を継承した典礼的実践との狭間で，「中道」ないし「中
庸」の道を採りつつ，多様な変化を経験しました．エリザベスによる数々
の判断は，プロテスタントの顧問官たちからの助言を聞いて行われました．
しかし，それらの判断はイングランド内の「プロテスタント党派」が出し
た諸種の結論の混在したものでした．プロテスタント諸派はそれぞれに異
なる一団へと分岐していきました．

　メアリの治世下にヨーロッパに追放された改革派あるいはカルヴィニス
トの人々の多くが，エリザベスの定着よりもさらにいっそう，教会を清
め，そしてカトリック主義のすべての残滓を一掃することを求めたため，
「ピューリタン（清教徒）」として知られるようになりました．これらの残

滓には，礼拝様式，後の祭服論争の争点となった聖職者の祭服，そして聖人の日などが含まれていました．イングランド教会の支持者たちは，女王によって提起されたさまざまな典礼的な新展開を支持し，そして，イングランドのキリスト教の伝統的な実践を，自分たちのプロテスタントの文脈の中で，そしてまた広義の改革派神学の中でも継続していくことを求めました．ピューリタンの指摘でさえ，まだまだ十分に抜本的ではないと感じていた人たちもいました．すべての国民がイングランド教会に所属するよう命じた法律に，彼らは従いませんでした．こうした非国教徒の反対者たちは自分たち自身の「自由教会（フリー・チャーチ）」を設立し，また多くの人々がイングランドを去って，他の国々に移住していきました．

37．イングランド教会とは？

　エリザベスによる定着（1559年）は，彼女の異母兄弟エドワード6世（1553年）の治世の最終局面に存在していた状況をイングランドの教会に取り戻そうという，エリザベス女王の強い熱意の表れでした．これがプロテスタントの方向性を特徴づけました．アングリカニズム（中道主義）として知られるようになった方向性が，女王がその「最高統治者」であるイングランド教会をとおして表明される，イングランドの公的な信仰となりました．「アングリカニズム」という言葉は1830年代になるまで使われたことはありませんでした．

　神学的かつ教会論的な影響だけでなく，政治的かつ理知的な影響も，16世紀のイングランド教会の発展に寄与しました．これらは，16世紀のプロテスタントの改革以前の幾世紀にわたって表明されてきたローマ・カトリック教会の伝承の普公性と連続性を強調することで特徴づけられました．この方向性は，国王ヘンリー8世のもとでのイングランド宗教改革から始まりました．ヘンリーの息子であるプロテスタントの国王エドワード

6世は，七つの秘跡（サクラメント）を洗礼と主の晩餐のサクラメント二つに削減したのを含め，伝統的な教理を変更しました．『第二共同祈祷書』（1552年）は，主の晩餐でのパンとぶどう酒におけるキリストの現臨という従来の伝統的な見解を表明しませんでした．

エリザベスのもとでは，トーマス・クランマーの働きから生じた四十二箇条（1553年に制定）が三十九箇条（1563年）に縮小され，そして，これがイングランド教会の教義の規準となりました．それらはルター派の神学と改革派の神学との間のほどよい「中間地点」です．

イングランド教会の神学の正当性を弁明する二つの重要な書物が宗教改革の時代に提示されました．ジョン・ジュウェルは1562年に自著『アングリカン教会の弁証』を刊行しました．リチャード・フッカーの『教会政治の諸法規について』の最初の4巻は1593年に刊行され，第5巻が1597年に，そして最後の3巻は，1600年に彼が死去した後，1648年に刊行されました．神学においてはよりいっそうの改革派的な教会を要求するイングランドのピューリタン神学に対するただの反論の域を超えて，フッカーの著作はイングランド教会の神学と教会の職制をめぐる包括的な弁明を呈示しました．彼の著作は聖書とともに，理性にも訴えたものでした．

今日，アングリカニズムと呼ばれるものは，構造的には位階制による監督のもとでの教会政治形態によって特徴づけられます．その位階制の三つの職務は，司教，司祭，助祭です．

38. イングランドのピューリタニズムとは？

エリザベス1世の治世下（1558-1603年）でイングランド教会のさらに進んだ改革を望んだ人たちの中のある人々は，本来は嘲笑の意味合いも含む「プリシーザニスト（堅物者）」や「ピューリタン（清教徒）」と呼ばれました．

この運動は改革派の神学的な伝統のもとにあり，しかも，そもそもウィリアム・ティンデル（1494−1536 年）やジョン・フーパー（1495−1555 年）のような，スイス宗教改革の影響を受けた初期イングランドのプロテスタント指導者たちの働きに根差していました．イングランドにローマ・カトリック教会を再興しようとした女王メアリ 1 世（1535−1558 年）による迫害の中，イングランドを去ったプロテスタントの人々およそ 800 人もの「メアリの亡命者」たちの中から，この運動の種が芽生えました．

プロテスタントの支持者であるエリザベスが聖職者の祭服（アルバ，カッパ，ストール，サープライス）の存続を求めた際に，祭服論争が起きました（1560 年代）．ピューリタンは，これらは自分たちがローマ・カトリック教会の残滓と呼ぶものだ，と異議を唱えました．こうした反論者たちの多くは，大学での高等教育を受けて聖職に就いていた人々や，その多くがケンブリッジ大学出身の熱心な信徒たちでした．ヨーロッパ大陸での改革派の諸教会の先例に倣って改革されるイングランド教会を，彼らは希求していました．改革の速度や程度をめぐりさらなる議論が続いて起こりました．

こうした論争はイングランド市民戦争（1640 年代）へと糾合し，その際に大勢のピューリタンが国王チャールズ 1 世の処刑（1648 年）を支持しました．戦争の結果，オリバー・クロムウェルが護国卿となり（1653−1658 年），1649 年から 1660 年にかけての共和政によって特徴づけられる時期は，ピューリタンによる支配の時代と呼ばれることもありました．この時期には分裂も生じました．競合し合う幾つものセクトが台頭しました．チャールズ 2 世の統治によるイングランド王制が復活し（1660 年），ピューリタンがイングランド教会から追放されたとき，彼らの政治的な野望は潰えました．多くの人たちが，自らのミニストリーを，国教会の外側で営む「非国教徒」（「ディセンター」あるいは「ノンコンフォーミスト」）として継続しました．彼らは，バプテスト教会，会衆派教会，また長老教会を組織していきました．最終的に，宗教的寛容はウィリアムとメアリの治世下

に発布された寛容令（1689年）によって容認されました.

　初期のピューリタンの人々は教会内の構造改革を期待していましたが，他方で，リチャード・グリーンハム（1542−1594年）やリチャード・ロジャーズ（1551−1618年），さらにウィリアム・パーキンス（1558−1602年）たちのような穏健なピューリタンは国教会内の牧会的な刷新を希求しました．宗教的規律を際立たせる神学と倫理と個人の霊性を重視することが，この運動の特徴でした．後代のピューリタンの人々は自己吟味とともに，神の選びの証示としての，生活の中の恵みのしるしを重視しました．

39．スコットランド宗教改革とは？

　16世紀のスコットランドは独立した国家でした．ルターの教えを記した小冊子は1520年代にこの国にもたらされましたが，それらを出版禁止にすることができたローマ・カトリック教会の上層部の人たちの手によって妨害されました．

　パトリック・ハミルトン（1504−1528年）はパリ大学で学び，そこでルターの諸種の見解を吸収し，それらをスコットランドに導入しようとしましたが，1528年にセント・アンドリュースで処刑されました．ジョージ・ウィッシャート（1513−1546年）はスイスの改革者たちの諸種の考え方を説教において広め，1546年に火刑に処せられました．彼の死刑は支持者たちを激怒させ，彼らはウィッシャートの処刑を命じたセント・アンドリュース大司教デヴィッド・ビートン枢機卿を殺害しました．

　ウィッシャートの護衛者だったのがジョン・ノックス（1514−1572年）でした．彼はその後，スコットランドにおけるプロテスタントの改革の指導者となりました．ノックスは皇后ギーズのメアリに指し向けて書いた『女たちの怪奇な統治に反対するラッパの最初の高鳴り』（1558年）を刊行しました．メアリの死去（1560年）に乗じ，スコットランド議会はローマ・

カトリック教会のあり方を斥け，ミサを違法とし，そして，ノックスと数名の同僚らによって起草された「スコットランド信仰告白」（1560 年）を批准しました．〔二つの〕『規律の書』が，各教会（カーク［kirk］）は長老たちによって治会されること〔『第一規律の書』，1560/1561 年〕，そして各教会は地域のプレスビテリーに属し，より広範囲の地方大会に，さらに教会全体総会に属すること〔『第二規律の書』，1578 年〕，という長老制度による教会政治を確立しました．

1567 年にスコットランド女王メアリ・スチュアートはこの新しいプロテスタント教会を承認しました．しかし，1567 年に女王は捕らえられ，牢獄に収監されました．彼女は 6 月には王位を放棄するよう強いられました．メアリは監禁されていたロッホレーヴェン城から逃亡し，イングランドに避難しましたが，そこでも牢獄に収監されました．彼女はエリザベス女王への陰謀を企てたかどで有罪判決を受け，1587 年に斬首刑に処せられました．彼女の息子，スコットランドのジェームズ 6 世は，イングランドのジェームズ 1 世となり，彼こそジェームズ王欽定聖書としてその名前が冠せられた王でした．

ジェームズの治世下に穏健な司教制度が導入されました．ジェームズ王の息子，チャールズ 1 世はウィリアム・ロード大司教（1573－1645 年）のアングリカニズムに傾斜しました．しかし，教義，礼拝，規律において改革派の信仰を宣明する「国民契約」（1638 年）とともに，スコットランドではある動きが現れてきました．すべてのスコットランド人はこの契約に署名せよ，というものでした．契約派とイングランドの長期議会は，スコットランドの改革派の宗教を守るため，スコットランド，イングランド，アイルランドの三国を連帯させる「厳粛な同盟と契約」（1643 年）を交わし，同盟を結びました．スコットランド教会からの代表団がウェストミンスター神学者会議（1643－1648 年）に派遣され，そしてウェストミンスター諸文書がスコットランド教会の信仰規準となりました．

Q40. ユグノーとは？

　ユグノーの人々は，16世紀に政治的な迫害に直面したフランス改革派教会の成員であるフランス人カルヴィニストたちのことです．「ユグノー」の語はおそらく，スイス連邦（Swiss Confederation）の成員を言及するのに使われたスイスの用語，すなわち「同盟者（confederate）」に由来します．あるいは，ユグノーの人々はしばしば夜に会合を行っていたことから，夜歩きするウーゴ王の幽霊伝説をもじったのかもしれません．この用語はおよそ1560年頃から用いられるようになりました．

　1559年に，フランス改革派教会を組織するために，およそ50の教会からの代表者たちがパリに結集しました．一つの信仰表明，すなわち「フランス信仰告白」がそれと一式の教会規程とともに採択されました．教会の政治は，各個教会の会議（コンシストリー），地域教務会（コロキー），地方総会，全国総会からなる，代表者たちによる法廷構造が特徴的です．これらはしばしば，各個教会の長老会，プレスビテリー，地方総会（シノッド），全体教会総会（ジェネラル・アッセンブリー）からなる長老制度の構造と一致していると理解されます．

　1561年までには，フランス改革派教会には2150の各個教会が所属していました．しかし，教会は迫害に直面し，フランス宗教戦争（1562－1598年）へと展開していきました．政府が扇動した聖バーソロミューの大虐殺（1572年8月24日）では，プロテスタントの犠牲者は5千人とも3万人とも推定されています（合理的な人数として，しばしば2万人と考えられている）．この残虐行為はヨーロッパ中の改革派のキリスト者に衝撃を与えました．ローマ・カトリックに改宗する人もいれば，他方で，宗教戦争の戦場に戻った人もいました．ある人々は，国王の絶対的な権限を制限し，代議制による政府を希求しました．この虐殺は，この時期に告白の相違者

たちに向けられた憎悪の深さを，恐ろしいしかたでさらけ出しました．

　フランス国王アンリ4世は，宗教戦争を終結させ，ユグノーの人々に市民権と宗教上の権利を保証するナント勅令（1598年）を発布し，宗教的寛容をもたらしました．後に，ルイ13世と14世の治世下で，この勅令は無効にされました（1685年）．何千万ものユグノーの人々が迫害され，ローマ・カトリックの教義を受け入れるよう強制されました．40万人を超えるユグノーの人々がヨーロッパ全土と北アメリカに逃避していきました．

　長年にわたるユグノーに対する宗教的迫害は多くの不幸をもたらし，多くの人々を自らの改革派の信仰の支援者たちを頼みとするに至らせました．

41. カトリック宗教改革とは？

　1400年代の後半から1700年代初頭まで，ローマ・カトリック教会内部で改革のための諸種の運動が起こりました．歴史家たちはさまざまな用語で改革の様相を詳述してきました．プロテスタントの歴史家たちからは，諸種の改革がプロテスタンティズムと直接的に関わっていることを表すために「対抗宗教改革（Counter Reformation）」の用語が使われました．「カトリック宗教改革（Catholic Reformation）」もしくは「カトリック改革（Catholic Reform）」は，教会の改革を志向するプロテスタンティズムとは直接的には関係しない諸種の運動のことを表します．「トリエント・カソリシズム（Tridentine Catholicism）」とはトリエント教会会議の後に起きた諸種の改革を示します．「初期現代のカソリシズム（Early Modern Catholicism）」はさまざまな形で台頭してきたカソリシズムを示します．

　総じて，「カトリック宗教改革」とは，教会内の悪習を正し，キリストによって制定されたものとしての，その歴史的な伝統に教会を立ち返らせ，教会とその教えへの献身によって表されるべきローマ・カトリック教会の

真の敬虔を喚起するための不断の取り組みのことを示すと言えます。

　ローマ・カトリック教会内で大分裂が生じた中（1378－1417年），新しい宗教団体が生れてきました。これらにはカプチン会（1520年）やテアティノ会（1522年）がありました。オランダ人説教者ヘールト・フローテ（1340－1384年）によって設立されたデヴォティオ・モデルナ（「新しい敬虔」の意）は，祈りの生活，悔い改め，奉仕などを奨励し，これらは共同生活兄弟会の運動に取り入れられました。デジデリウス・エラスムス（1466－1536年）やトーマス・モア（1478－1535年）といった学者たちは，聖書研究と教会における宗教的献身に傾注しました。イグナティウス・デ・ロヨラによって設立されたイエズス会（1540年）は福音伝道と教育を主要な手段としました。

　教皇パウロ4世（1555－1559年）とピウス5世（1566－1572年）による教皇の改革は，近親者贔屓のような悪習を撤廃し，司教たちに対しては牧会的であるよう奨励し，そして異端とは戦うことを要求しました。際立つ二つのことが，教皇による異端審問（1542年）と焚書一覧（1557年，1564年に改定）でした。トリエント教会会議（1545－1563年）は教義と教会生活をめぐる諸種の論点を扱いました。

　全体としては，多種多様な宗教団体がそれぞれ自分たちの召命とするところを実践し，自分たちが重点を置くところやミニストリー（つとめ）を担いつつ，制度化された教会を補強し続けました。アヴィラのテレサ（1515－1582年）や十字架のヨハネ（1542－1591年）のような神秘主義の人物や運動は，霊的生活を深めることを追求し，台頭しつつある現代のローマ・カトリック教会のあり方に今なお諸種の刺激を印象づけています。

 42. ポワシー会談とは？

　宗教上の和解を求めて，ローマ・カトリック教会とプロテスタント教会

との間で行われた最後の大規模な神学討論会が，パリの西方にあるポワシー村で，1561 年 9 月 9 日から 10 月 9 日にかけて開催されました．善き意図がありながらも，この討論は失敗に終わり，ほどなくしてフランス宗教戦争（1562－1598 年）が始まりました．

　当時まだ 11 歳の幼い息子国王シャルル 9 世の摂政，皇后カトリーヌ・ド・メディシス（1519－1589 年）によって，この会合は開催され，彼女も出席しました．フランス人プロテスタント（ユグノー）陣営からは，ジュネーヴにおけるカルヴァンの主要な補佐役だったテオドール・ベーズ（1519－1605 年）や，トーマス・クランマーからオックスフォード大学への招聘を受けていた学識高い改革派神学者ペトルス・マーター・ヴェルミーリらが代表として出席しました．ローマ・カトリック教会の陣営からは，ロレーヌの枢機卿，すなわちシャルル・ド・ギーズ（1524－1574 年），さらにはイグナティウス・デ・ロヨラの後継者としてイエズス会の最高責任者となったディエゴ・ライネス（1512－1565 年）らが出席しました．

　ベーズの開会講演は改革派の信仰をつまびらかにしました．しかし，主の晩餐におけるキリストの体は「地上から天までの距離と同じ程度，パンとぶどう酒からは遠くかけ離れている」という彼の評言はローマ・カトリック教会の参加者たちから反感を買い，ベーズは冒瀆の誹りを受けました．

　当然ながら，両陣営とも和解へ向かう気持ちはすっかり失せてしまいました．ロレーヌはベーズに対し，会議を継続する条件として，ルター派の「アウクスブルク信仰告白」（1530 年）に見受けられる主の晩餐に関する教えを宣明するよう求めました．ロレーヌのこの発言は，彼ら同士の間でも一致できないことを明示し，プロテスタント陣営を全く信用できないとするための悪意のある行為としても，あるいはおそらく，改革派の人たちはローマ・カトリック教会の教義を支持するよう直接的には求められていないことをもって，仲裁を試みようとしたものとしても，どちらとも評価されています．その要求は不適切だ，とベーズは断言し，改革派はその信仰告白に署名しませんでした．

84   第1部 歴史

　討論会は規模を縮小して継続しましたが，両陣営を一つに結束できるような満足のいく調停は何一つできませんでした．その結果，1562年にフランス宗教戦争がはじまり，何千もの人々が亡くなりました．

第2部

神学

4

神学的表明

 43. スコラ主義とは？

　中世の時代に，スコラ学者たち（ラテン語で *scholae*［スコラエ］）の神学は「スコラ主義」と呼ばれました．イスラム教の侵略者たちによるエルサレム占拠（638年）後からキリスト教徒の十字軍による奪還（1099年）まで，キリスト教神学は概して，聖書や古代のキリスト教の神学者（教父）たちの著作，また古典文学を自らの召命と献身のこととして研究した修道士たちの仕事でした．

　カンタベリーのアンセルムス（1033－1109年）は，神学は信仰から始まり，そしてさらなる理解へと導く，と教えました．これは偉大な古代の神学者，聖アウグスティヌス（354－430年）の方法でもありました．しかし，信仰と理性との狭間でバランスを保つことは容易ではありませんでした．

　ペトルス・アベラルドゥス（1079－1142年）と彼の弟子であるペトルス・ロンバルドゥス（1100－1160年）は，諸種の理性の手法を神の啓示に応用しました．ロンバルドゥスはこの方法を用いて，その後の4世紀もの期間，標準的な神学の教科書となった書物（『命題集』）を執筆しました．トマス・アクィナス（1224もしくは1225－1274年）は，全24巻をとおし

て631の問題に対し1万もの異論で構成される『神学大全』を執筆しました．理性と啓示は矛盾しない，とアクィナスは確信しました．神の恵みは自然を破壊するのではなく，完成させる，というのです．

スコラ主義は(あるキリスト教の教義は理性を超越する点を認めつつも)人間の合理性と理性の使用を重視しました．デジデリウス・エラスムスやロレンツォ・ヴァッラといったルネサンスの人文主義者たちは，スコラ的な方法に関しては批判的でした．

中世のスコラ神学は人間の理性をあまりにも高く評価しすぎており，またアリストテレスの思想にあまりにも依存しすぎている，とルターやカルヴァンは批判しました．信仰と神学的な理解の源泉としての――信仰において与る――聖書についてのプロテスタントの改革者たちの強調点が，中世のスコラ主義とは異なる基盤の上に立つ神学を打ち出しました．

スコラ的方法は，初代の改革者たちの諸種の考察を組織化し，体系化するために，次世代のプロテスタント神学者たち――ルター派と改革派の双方――によって用いられました．こうして，17世紀の時代は宗教改革後のプロテスタント・スコラ主義の時代として特徴づけられるようになりました．その強調点は，さらなる神学的な考察を引き出すために理性を用いることと，聖書本文を注意深く分析することでした．

 44. ルネサンス人文主義とは？

14世紀に始まったルネサンス時代は，学問の再生と新しい教育の教授法によって特徴づけられました．この時代のヨーロッパでは――ローマやギリシア，またキリスト教の――古典的な古代の遺産から文学的な資源を再発見し，回復させることに焦点を絞った学問の方法として「人文主義」が台頭しました．人文主義者たちのモットーは「源泉に帰れ！(*Ad fontes* [アド・フォンテス])」でした．

人文主義運動は，中世の教育内容の大部分を特徴づけた思弁的な諸問題ではなく，今日のわたしたちが人文諸学と呼ぶもの，すなわちこの世の人生と深く関わる学びを重視しました．人文主義者たちは，スコラ主義 —— 各学統の方法 —— と深く関わる弁証学，論理の技法，または抽象的な推論よりも，修辞学あるいは説得術を重視しました．

　古代世界の文学を取り戻すこと，しかもそれが人生にとってどんな意味があるのかまで視野を広げて解釈することに人文主義者たちが関心を集めたことは，プロテスタントの改革者たちにとって非常に重要でした．最も著名な人文主義の学者はデジデリウス・エラスムス（1467－1536 年）でした．エラスムスはギリシア語新約聖書（1516 年）を含め，諸種の古典的名著の改訂版を刊行しました．人文主義の強調点は，原典資料を自分たちの言語的かつ社会的文脈の中で解釈する研究にありました．フルドリヒ・ツヴィングリやジャン・カルヴァンといった改革者たちは人文主義者としての訓練を受け，その学びの技法を自らの神学の学び方や諸種の強調のしかたなどに導入していきました．

　人文主義は，後のプロテスタントの改革者たちに影響を与えた不可欠な背景でした．多くの人文主義者たちは，ローマ・カトリック教会に対しては，その思弁的でスコラ的な神学のゆえに批判的でした．しかし一方で，人文主義はプロテスタントの学者たちに原典 —— 特に聖書の原典 —— に取り組む方法論を提供しましたが，他方で，ルネサンスの人文主義運動自体はプロテスタントの改革を特徴づけた諸種の神学理解を受け入れませんでした．エラスムスは自由意志の問題をめぐってルターと衝突し，神の恵みの本質をめぐっても見解が異なりました．時間の経過とともに，ローマ・カトリック教会に留まった人文主義者たちとプロテスタントの教義を採用した人文主義者たちとの間に，明白な相違点が表面化してきました．

45. 贖宥状とは？

　ルターにとって直接の引き金となり，また宗教改革の始まりとなったのは，1516 年と 1517 年のヨハン・テッツェルによる贖宥状の販売でした．テッツェル（1465－1519 年）はドミニコ会の司祭で，後にローマのサン・ピエトロ大聖堂となる建造物の建設費用を調達するため，贖宥状を販売しながらヨーロッパの諸都市を巡っていました．贖宥状に関する有名な謳い文句は次のようなものでした．「硬貨がな，集金箱の中でチャリンと鳴った途端に，魂は煉獄からパァーッと解き放たれまっせ（知らんけど）」．

　中世のローマ・カトリック教会の神学における煉獄は，信仰深い死者の魂が天国に入れるようになる前段で，苦痛に満ちた浄罪をとおして，罪から清められるための場所でした．罪の悔い改めと司祭による赦しの宣言の後も，死者に課せられる償罪を免れさせるために，教会で「贖宥状」を発行してよいことになりました．すでに死去した人の友人や近親者が，死去した当人の「負いめ」を減らすのに一役買うことができ，そうすることで，煉獄で費やす時間を短縮できるとされました．教会は大聖堂の建築計画に資金を充てるため，贖宥状による収益を使い始めました．

　ルターは贖宥状の教義に抗議し，そして彼自身の見解をマインツとマグデブルクの大司教たちにも伝えることにしました．こうしてルターは，語り伝えられているように，諸聖人の日の前日となる 1517 年 10 月 31 日に，ヴィッテンベルクの城教会の扉に掲示して，「九十五箇条の提題」を世に出すに至りました．これらは，当時定着していた作法に則って，学術的な公開討論に向けてルターが提起した神学的諸命題でした．

　ルターの提題は，他のどんなものよりも贖宥状について，ローマ・カトリック教会の主張に真っ向から挑み，結果として，贖宥状の価値をめぐる疑義を引き起こしました．彼は，煉獄の魂にまで贖宥状の効力を及ぼすま

での教皇の権能に疑問を投じました．神学的には，救いはどのようにして義なる神によって与えられるのかを，ルターは問い掛けました．教会的には，教皇の権能の及ぶ範囲を問い掛けました．神学的な討論としてのローマ教会との闘いの中で，ルターが一貫して守りとおしたこの二つの局面は，教会の本質をめぐる対立へと帰結していきました．

46. ルターの「九十五箇条の提題」とは？

　ルターの「九十五箇条の提題」は，ルターとローマ・カトリック教会が織りなすドラマの第一幕でした．彼が1517年10月31日に学術的な公開討論のために「九十五箇条の提題」を掲示したとき，神学教師として彼が提起した諸論点はしっかり議論され，そして，教会はその教理において誤りを犯してきたことを明証することができ，諸種の改善がなされるもの，とルターは想定していました．しかし，事態はそうはなりませんでした．

　ルターの当初の関心は煉獄の問題にありましたが，「九十五箇条の提題」はそれ以外の領域にも及びました．九十五箇条は，他の人々からも提起されたような聖職者の欠点や実践上の悪習に対する批判よりも遥かに超え出ていました．ルターにとっては，神の民の永遠の救いがかかっていました．なぜなら，教会はキリスト教の福音についての真正な教えを正しく伝えてこなかったからです．このことが彼を重大な対決へと突き動かしました．

　ルターが九十五箇条で言及した幾つかの項目の中で特に際立つのは，罪と救いの問題でした．救いの成就のためになすべき諸行為を司祭たちが規定する，という教会の公式な悔い改めの方式ではなく，罪とそれに対する悔い改めは，当人と神との関係は生涯にわたって形作られるのであるから，全生涯にわたって取り組まれなければならない，とルターは確信しました（第1条）．九十五箇条全体をとおして，ルターは，教会の焦点は信仰と悔い改めに集約されるべきであると主張して，悔悛の制度に疑義を提起し，

異議を唱えました．煉獄から魂を解き放つためにお金を支払わせるために教会が保持しているものは「功徳の宝庫」などではないと主張しました．むしろ，教会の真の宝は「神の栄光という最も聖なる福音」(第62条) です．キリスト者たちは，自らの頭なるキリストにこそ従うべきです（第94条）．

ルターの九十五箇条はラテン語で書かれました．彼の学生たちの幾人かがそれらをドイツ語に翻訳し，そしてそれを印刷しました．それはベストセラーとなり，かなりの数の他のヨーロッパ諸国の言語に翻訳されました．ルターは「超有名人」になりました．

教皇レオ10世は快くは思いませんでした．神学的な討論会がライプチッヒとアウクスブルクで相次いで行われました．教皇はルターを破門しました．ルターは聖書に基づく自らの神学的な諸種の理解を発展させました．彼の「九十五箇条の提題」を皮切りに，たくさんの著作が他にも刊行され，その中で，彼はキリスト教の福音をめぐる自らの見解を解き明かしました．「九十五箇条の提題」はしばしば，プロテスタントの改革のはじまりのしるしとみなされ，今もキリスト教会に昔と変わらない影響を与えています．

47. アウクスブルク信仰告白とは？

アウクスブルク信仰告白（1530年，ラテン語で *Confession Augustana*）はルター派の主要な信仰宣言であり，ルター派の諸教会における最も重要な信仰告白となりました．フィリップ・メランヒトンによって「改定された」アウクスブルク信仰告白（*Confessio Augustana variata*）が刊行されました（1540年）．そこには主の晩餐に関する第10条が含まれており，それは主の晩餐におけるキリストの現臨をめぐるルターの立場の修正として読むことができそうです．

1530年のアウクスブルク信仰告白の決定版は，メランヒトンによって，アウクスブルク帝国議会への参加に備えて書かれました．皇帝カール5世

は，台頭しつつあるプロテスタント神学を宣明するための信仰の表明を提出するよう，ヴィッテンベルクの神学者たちに要請しました．1530 年 6 月 25 日に，メランヒトンは皇帝にラテン語版とドイツ語版の信仰告白を提出しました．

この信仰告白は，主の晩餐をめぐっては，フルドリヒ・ツヴィングリや他の改革者たちの見解から，ルターとメランヒトンとの見解を区別するためのものでした．またさらに，台頭してきた再洗礼派の諸運動体の見解との相違点を明らかにするためのものでもありました．メランヒトンは明確に，この信仰告白が初代教会の神学との連続性の中にあること，しかしまた，ローマ・カトリック教会の神学とは異なることをも明証しようとしました．

この信仰告白は二つの部分からなり，全部で 28 の条項で構成されました．第 1 条から第 21 条までが「信仰に関する主要な条項」に焦点が絞られました．そこで取り扱われた主要な教理は，原罪，義認，教会と聖礼典（サクラメント），自由意志，善行などでした．最後の七つの条項は，教会内で改善が必要な諸種の悪習に注意が向けられました．そこには，パンとぶどう酒の両方に与るべきこと，聖職者の独身制度，ミサ，司祭に対する罪の告白，修道士の誓願，教会の権能などがありました．

アウクスブルク信仰告白はルター派の信仰を強化しましたが，他方で，ローマ・カトリック教会との教義上の一致を果たすには至りませんでした．指導的なローマ・カトリックの神学者たちはアウクスブルク信仰告白（1530 年）への反駁書を刊行し，それに対してメランヒトンも『アウクスブルク信仰告白の弁証』（1531 年）をもって応戦しました．

メランヒトンによる第 10 条の改定は，神学的な問題で対立する教派同士に共通の土台を据えようとするものでした．ジャン・カルヴァンは改定された信仰告白（1531 年）になら署名することができました．しかし，（改定のない）最初の信仰告白が，よりいっそう好ましい信仰告白の規準として採択されることになりました．

48. 『一致信条書』とは？

　アウクスブルク信仰告白から50周年を記念し，1580年6月25日に『一致信条書』(Book of Concord, ラテン語で Concordia) が刊行されました．この書は，ルター派の説教，教え，教会政治にとっての権威となったのはもちろんのこと，ルター派の信仰告白集の最終決定版として採択されました．

　『一致信条書』は，ルター（1546年に死去）とメランヒトン（1560年に死去）の死後の複数年にわたりルター派内での神学的な一致を促すために起草された信仰告白である「和協信条」（1577年）の批准を契機に生まれました．「和協信条」はルター派の諸教会にとって神学的な諸見解について受容できる範囲を明らかにしました．これは全12の項目の中で諸種の題目について論じています．それは「根本宣言」と「概要」の二つの部分に分かれています．

　『一致信条書』は10の文書によって構成されています．そこには三つのエキュメニカルな基本信条，すなわち使徒信条，ニカイア信条，アタナシオス信条が収録されています．宗教改革時代の文書は，アウクスブルク信仰告白（1530年），アウクスブルク信仰告白の弁証（1531年），シュマルカルデン条項（1537年），ルターの「教皇の権力と首位権について」（1537年），ルターの「小教理問答」（1529年）と「大教理問答」（1529年），そして和協信条（1577年）です．

　マルティン・ケムニッツ（1522−1586年）やヤーコプ・アンドレーエ（1528−1590年）ら，ルター派の第二世代の改革者たちの働きは，何年にもわたる『一致信条書』による一致，およびその内容の立証を構築するために費やされました．その働きは，ルター派内のグループの間で30年以上にもわたって繰り広げられた，ルター派同士の抗争に終結をもたらしました．

「本物のルター派」は，自分たちこそメランヒトンではなくルターの真の後継者であると考えました．「フィリップ派」はメランヒトンの後継者で，カルヴィニストの見解を取り入れたことから「隠れカルヴィニスト」としばしば揶揄され，またローマ・カトリック教会とすぐに妥協しがちな点も批判されました．『一致信条書』は，ルター派とフィリップ派双方による成果であるのが特徴的です．ルター派，改革派，そしてローマ・カトリック教会それぞれの信仰告白を自ら告白することで，ヨーロッパの各地方の宗教的な線引きが描かれていった告白主義（コンフェッシオナリズム）の時代の中で，この書の承認は決定的な契機となりました．

49. ツヴィングリの「六十七箇条提題」とは？

フルドリヒ・ツヴィングリによって，67の神学的な条項からなる提題が1523年1月29日にチューリヒ市議会に提出されました．これらは，異端との告発に対して，ツヴィングリがキリスト教の福音をめぐって自らの理解の正当性を立証するための提題でした．その結果，チューリヒはローマ・カトリック教会に留まるか，それとも，ツヴィングリが市の主任牧師として促進させようとする諸々の改革を採用するのか，そのいずれかを決定することになりました．

およそ6百人が，その六十七箇条の公聴会に集まりました．会衆の中には，チューリヒを管轄していたコンスタンスの司教をはじめ，ローマ教会からの代表者たちもいました．ツヴィングリは六十七箇条を提案し，そして，市議会はそれらを支持しました．議会はツヴィングリに，聖書から説教をする権利，またプロテスタントの諸改革を実施する権利を与えました．結果として，チューリヒ州はローマ・カトリック教会の司教の管轄権から外れ，そして，聖書に基づかない説教と教義に対し禁令を宣言しました．こうした決定により，チューリヒ議会はツヴィングリによって指導された

96 第2部 神学

宗教改革を公に採用することになりました.

　ツヴィングリは自らの説教も六十七箇条も聖書に基づいていることを主張しました. 聖書の諸文書は神の霊の導きによるもの（ギリシア語で「テオプネウストス」, テモテへの手紙二 3：16 を参照）とみなされました. 自分は他の資料からではなく, ただ聖書のみから喜んで導かれ正される者だ, と彼は主張しました.

　「六十七箇条提題」では, 次のような題目が扱われました.

・イエス・キリストこそ, わたしたちを贖い, わたしたちを神と和解させ, 救いにつながる唯一の道である.

・悔悛の行為が諸々の罪を免除するのではなく, キリストだけが罪を赦免する.

・わたしたちの救いは福音を信じる信仰に基づき, わたしたちの滅びは不信仰に基づく.

・キリストにおいて生きる者は誰でも, キリストの成員, 神の子どもたちであり, 教会の交わりに加えられる.

・すべてのキリスト者はキリストの福音が語られることに最大限の関心を払うべきである.

・キリスト者は, 教皇, ミサ, 煉獄思想, および諸聖人の執り成しを斥けるべきである.

・司祭たちではなく, ただ神のみが, 罪をお赦しになる.

・すべてのキリスト者は, いつでもどんな食べ物も, 自由に食してよい.

・世俗の権力は神によって擁立されている.

　これら「六十七箇条提題」はあまり知られていませんが, ルターの「九十五箇条の提題」よりも包括的で, スイス宗教改革の始まりを特徴づけるものとして規範的なものです.

50. シュライトハイム信仰告白とは？

「シュライトハイム信仰告白」はもともと「神の子らの兄弟としての一致のための七箇条」と呼ばれていました．これは 1527 年 2 月 24 日に承認され，そして，おそらくかつて修道士だったミヒャエル・ザトラー（1490－1527 年）によって記されました．この信仰告白は，最初の再洗礼派の信仰宣言とみなされています．これは，スイスとドイツの国境付近にあるスイスのシュライトハイムの町にちなんで名づけられ，そして，チューリヒで再洗礼派運動が 2 年前に始まって以来，すでにさまざまなグループに分裂していたスイスとオーストリアとドイツ南部の再洗礼派に一致をもたらすために企画されました．

七つの条項はどれも簡潔で，それらは台頭しつつある再洗礼派運動の関心事の宣明書（マニフェスト）でした．

第 1 条（洗礼について）
　　洗礼は，イエス・キリストを信じる信仰によって自分たちが赦されていると信じ，また罪を悔い改めた者すべてのためである．したがって，幼児洗礼は厳格に禁じられる．

第 2 条（追放について）
　　洗礼を受けた者たちの共同体は，洗礼時の誓約を破り，キリストにおける新しいいのちから逸脱した者たちを追放する．これにより共同体の純潔性は守られる．

第 3 条（パン裂きについて）
　　キリストの裂かれた体と流された血を記念する主の晩餐に与る者たちは，すでに洗礼を受けた者たちだけである．

第 4 条（隔離について）
　　この世からの隔離は，自分たちとこの世を取り巻く不信仰者たち

との間に隔てを設けるよう，信仰者たちに命じる．この隔離はキリスト教共同体と世俗文化との二元論を提示する．

第5条（牧師に関して）

牧師のためのガイドラインは，教会共同体への牧師の召命，牧会的な職務の義務，そして牧師の教会的規律が論じられる．牧師たちは物言わぬ不信仰者への模範となるべきである．

第6条（剣について）

世俗の政治は，神によって定められたものではあるものの，「キリストの完全性」からは区別され，邪悪な者たちに罰を与える手段である「剣」に関心を払う．キリスト教の共同体では，戒規として適用されるのは追放だけである．キリスト教の信徒で，剣を帯び，他者を裁く座につき，世俗の政治に奉仕する者は一人もいない．

第7条（誓約について）

誓約の禁止はキリストの命令に従うためのものである．誓約が要求される世俗の文脈では，再洗礼派は社会的秩序を脅かす者たち，と受け取られた．

51. カルヴァンの『キリスト教綱要』とは？

ジャン・カルヴァンの『キリスト教綱要』は，カルヴァンの最も偉大な神学的な著作であり，この中で彼は聖書に関する重要な幾つもの題目や主題を取り上げました．『綱要』はキリスト教信仰において人々を教導するためのものでした．カルヴァンは一週間にかなりの回数の説教を語ったばかりか，多くの時間を割いて聖書に収録されている書物の大部分の註解書を執筆しました．『綱要』はこれらの註解書を補充するものでした．カルヴァンは，自分の註解書が公式的な神学問題へと深入りしていくのを望んではいなかったため，その強調点は聖書本文に留まり続けました．したがって，

彼の『綱要』は註解書と連続した，カルヴァンによるさらなる聖書解釈の呈示でした．カルヴァンは，聖書解釈の全体的な枠組みを用意すべく，『綱要』ではよりいっそう組織的な体系において，聖書に対する自らの諸々の識見を集約しました．

　年月をかけて，カルヴァンは『綱要』の改訂版を刊行しました．この書は1536年から1560年までの間に，全6章から全80章にまで内容が増幅しました．カルヴァンが『綱要』の改訂版を，神学論文を書く際に用いるラテン語で刊行した後，直ちに彼はフランス語で書き直し，こうして多くの人たちが自分たちの自国語でそれを読むことができました．この書は当初，フランスの裁判でプロテスタントの人たちにとってよりよい審理が行われることに役立つのを期待して，フランス国王フランシス1世に献呈されました．この献呈は，版を重ねる度に同じく続けられました．カルヴァンのラテン語の最終決定版は1559年に刊行され，そのフランス語版は翌1560年に刊行されました．

　カルヴァンの『綱要』初版の刊行の後，この書は以下の4篇に類別されました．(1)創造者なる神の認識について，(2)キリストにおける贖い主なる神の認識について，(3)わたしたちがキリストの恵みに与るための道筋，そこからわたしたちにどのような益がもたらされ，どのような効果へと続くのか，(4)神がわたしたちをキリストとの交わりに招き入れ，しかもその交わりにわたしたちをいつまでも留めてくださる，その外的な手段あるいは救いの手段について．概して，これらは，神とイエス・キリストと聖霊に，そして教会に焦点を絞ることで貫ぬかれています．

　『綱要』はたくさんの言語に翻訳されました．この書は，ルターが提供しなかったしかたで，キリスト教の信仰をめぐる秩序だった検討論題を提供しています．この書は改革派信仰の標準的な表明なのです．

52. ジュネーヴ聖書とは？

　ジュネーヴ聖書は，ローマ・カトリック教会の信奉者であるメアリ・チューダーが女王に即位（在位 1553－1558 年）したときに，イングランドを去ったプロテスタントの人たち，いわゆる「メアリの亡命者」たちによって英語に翻訳されました．この聖書はイングランド人のプロテスタントにとって重要でした．なぜなら，その翻訳文および本文の訳註釈が，ジャン・カルヴァンから多大な影響を受けて台頭してきた改革派の神学を伝えたからでした．

　ジュネーヴで行われた翻訳事業は，1557 年に英訳新約聖書を刊行していたウィリアム・ウィッティンガムの労作に基づいていました．ジュネーヴ聖書は彼の英訳聖書を拡張したもので，ウィッティンガムはアンソニー・ギルビーと協働し，またトーマス・サンプソンやクリストファー・グッドマン，さらにおそらく他の人たちにも協力してもらいました．ジュネーヴ聖書の決定版は 1560 年 5 月 10 日に刊行されました．

　ジュネーヴ聖書には，序文，地図，図表，それに神学的な観点を解説する外枠に記された註釈などを含め，読解のための種々の参考材料が付記されているのが特徴的です．聖書の各書についての「概要」が各章の要旨とともに記されました．これらの特徴が相俟って，改革派の神学を伝えるとともに，個々の読者たちに聖書をより身近なものにしました．これは各節に番号を振り当てた最初の聖書でした．

　ジュネーヴ聖書は，ピューリタンの指導者たちによって率いられた教会では変革を加速させる道具になると警戒したエリザベス女王によって，イングランドではあまり歓迎されませんでした．しかし，イングランドの一般の人たちからの反応はまったく違っていました．公式に認定されて諸教会に使用が義務付けられ，鎖掛けにされていた『大聖書』（1539 年）のよ

うな大型判とは異なり、ジュネーヴ聖書は小型判で出版されたため、入手しやすく、多くの部数が売られました。イングランドで初版が刊行されたのは1576年で、それ以後1644年までにイングランドではおおよそ140回も版を重ねて刊行されました。ジュネーヴ聖書はスコットランドでも非常に影響力がありました。ともかく、この聖書は英語の印刷史において最も重要な聖書の一つでした。

新約聖書翻訳の改訂版が、しかも外枠の註釈がさらに拡大されて、1587年にピューリタンの学者、ロレンス・トムソンによって刊行されました。こうして「学習用聖書」という聖書の領域の質が高められていきました。1599年にヨハネの黙示録についての註釈が、トムソンの註からフランシスカス・ユニウスの註に代わりました。

ジュネーヴ聖書は、それ以降の英訳聖書にとって、特にジェームズ王欽定聖書（1611年）にとって、学術的な基盤を提供しました。そのすべての特徴をとおして、ジュネーヴ聖書は、イングランドの読者たちが自国語訳を所有できるようにし、しかも、彼らの神学的な諸認識を改革派の方向性へと導いていきました。

 53. ジェームズ王欽定聖書とは？

ジェームズ王欽定聖書（1611年）は、ハンプトン宮廷会議（1604年）での議定により、スコットランド国王ジェームズ6世にしてイングランド国王となったジェームズ1世によって公認されました。彼はスコットランド女王メアリの息子で、イングランドの国王ジェームズ1世（1566－1625年、在位1603－1625年）となりました。この聖書はイギリス文学においても馴染み深いものとなり、何百万人ものキリスト者たちの聖書となり、人々はこの聖書をもとにその古典的な言語表現やその訳風に深く親しむようになりました。

ハンプトン宮廷会議でジェームズ王は，新しい英訳聖書の準備に取り組んで欲しい，とのピューリタンのジョン・レノルズ（1549-1607年，「レイノルズ」とも表記）の要請を承諾しました．ヘンリー8世とエドワード6世の治世下で公認された初期の英訳聖書は実に劣悪である，とレノルズは訴えました．献身的なキリスト者であるとともに，その仕事ができるだけの十分な教養を具えた54名の学者たち（実際には，レノルズを含む47名が翻訳に携わった）で構成される翻訳委員会を，国王は組織しました．ただ一人だけが聖職者ではありませんでした．六つの小委員会が，ケンブリッジ，オックスフォード，そしてウェストミンスター（ロンドン）の各都市で会合を重ねました．翻訳者たちは序章で，自分たちの教義的かつ言語的な諸原則を説明しました．ある面で，ジェームズ王欽定聖書はローマ・カトリック教会によって公認された英訳のドゥエ・ランス聖書（新約は1582年，完全版は1610年の刊行）への応答でした．

ジェームズ王欽定聖書（KJV）または権威訳版（後にAV）には，ジュネーヴ聖書のような教義的な解説をする余白の註釈はありませんでした．神学的には，一般の人々はそうした解説などなくとも神の言葉を理解することができる，と学者たちは確信しました．政治的には，ジュネーヴ聖書の幾つかの余白の註釈が市民の不服従を促していたため，抵抗的であるとする国王の意向もありました．国王はこの新たな翻訳が，とりわけ監督制度を敷くイングランド教会が保持する教会理解（教会論）と整合性のとれるものになるよう志向しました．ジュネーヴ聖書を含め，これまで先行して翻訳された他の英訳聖書も参照することはできましたが，司教聖書（1568年刊行，1602年改訂）が，翻訳委員たちにとっての主要な下敷きとなりました．翻訳委員たちは1604年から翻訳作業に着手しました．完成したフォリオ判聖書が1611年に王室印刷業者によって刊行されました．スコットランドでその初版が刊行されたのは1633年のことでした．

ジェームズ王欽定聖書は，イギリスの文学と文化において最も重要な書物の一つ——あるいはまさに最も重要な書物そのもの——と認められて

きました．そこで使われた250を超える慣用熟語が，新しい英語表現となりました．現代の英訳聖書では17世紀の翻訳者たちが知る由もない諸種の写本が用いられており，そのため，今日の諸々の翻訳聖書の数多くの文節で，ジェームズ王欽定聖書との顕著な相違点が認められます．

 54. 「三十九箇条」とは？

　「宗教箇条」としても知られる「三十九箇条」（1563年）は「四十二箇条」（1553年に公布）を受け継ぎ，イングランド教会の教義的な規準としての役目を果たすことになりました．

　国王ジェームズ6世の治世下に，カンタベリーの大司教トーマス・クランマーの唱導のもと，ヘンリー8世の時代に確立されたプロテスタント教会にとっての信仰の規準を定めるために，「四十二箇条」は起草されました．エリザベス女王の時代に「四十二箇条」は改定され，そして「三十九箇条」に縮減されました．

　「三十九箇条」は，その当時に重要性をもったさまざまな争点について検討することを契機としたものであって，組織的な神学体系で書かれたものではありません．「三十九箇条」は，長年にわたる作業で，積年のさまざまな政治的また宗教的な影響を受けながら発展しました．したがって，それらは，公式な神学を，あるいは，よりいっそう「完成された」神学を展開しようという意図はありませんでした．こうした要因から，「三十九箇条」はおそらくその著者の意図を汲みつつ，多様なしかたで解釈されるようになってきました．基本的に，「三十九箇条」は，ローマ・カトリック教会の諸種の不正や教義に抗する（イングランドの）教会の諸見解を，ルター派，改革派，また再洗礼派と関連づけながら，定めようとしたものです．

　第1条から第5条で，三位一体，受肉，贖罪（アトンメント），そして

復活が取り扱われます．第6条から第8条では，キリスト教信仰の源泉という名称で，聖書と古代の三つの基本信条（使徒信条，ニカイア信条，アタナシオス信条）が扱われます．第9条から第18条では，人間に関する教義について，救われてはいても未だになお罪人であるその霊的な状態について扱われます．第19条から第21条，さらに第23条と第36条では，教会の組織，秩序，権威などが論じられます．第22条は，煉獄思想について「ローマ教会的な教義」と弾劾します．第24条では，（ローマ・カトリック教会によって用いられるラテン語に反対して）自国語での祈りと礼拝を強調します．第25条から第31条では，サクラメント（聖礼典）の教義が提示されます．第32条から第35条では，聖職者について，破門について，と続いていきます．そして，最後となる第37条から第39条までは，国家および各個人の資産との関わりの中で，教会とキリスト者各個人について考察されます．

今日，イングランド教会の聖職者は，「三十九箇条」がキリスト教信仰に関する教会の歴史的な文書の一つであり，それらは聖書に啓示され，初代教会の使徒信条やニカイア信条において言明された信仰を証言するものであることを，ただ認めさえすればいいだけです．

55. ドルトレヒト会議とは？

ヤーコブス・アルミニウス（1560−1609年）はジュネーヴでテオドール・ベーズに師事して神学を学びました．しかし，アルミニウスは，カルヴァンによって教示され，そしてベーズによってさらに展開された予定論，自由意志，恵みをめぐって批判的になりました．アルミニウスはライデン大学で教えましたが，彼はそこで1604年から同僚のフランシスカス・ゴマルス（1563−1641年）と議論になりました．アルミニウスは，人間の自由意志は神の恵みに応答することができ，したがって，悔い改めによって

救いを獲得することができる，と主張しました．人は神の救いの恵みを拒むことができ，そこで信仰者たちは自らの救いを失うこともできる，と彼は強調しました．誰が信じる者となり，誰が信じない者となるのか，また誰が救いを獲得するのかを理解することは，選びや予定以上に，神の予知である，と主張されました．

　彼の死後，「アルミニウス派（「レモンストラント派」とも呼ばれる）」の人たちは，自らの見解を五つの神学的命題にまとめた「抗議書（レモンストランス）」に条文化しました．討論の決着をみるためにネーデルラント合同連邦領内の改革派教会が，他のヨーロッパ諸国の改革派教会からの参加者も交えて，ドルトレヒトで会議を開催しました（1618 年 11 月 13 日から 1619 年 5 月 29 日まで開催．これがドルトレヒト会議と呼ばれる）．

　会議は「抗議書」を斥けるとともに，レモンストラント派を異端と非難し，そして 200 人もの牧師たちが罷免処分となりました．この会議はしばしば「チューリップ（TULIP）」の頭字語で表現されるカルヴァン主義の中心的な諸教義を確立しました．

- 全体的な堕落（**T**otal depravity）とは，信仰においてキリストに応答することも救いに与ることもできないほどまでに，人間性は罪によって全く失われていることを意味する．
- 無条件の選び（**U**nconditional election）とは，信仰や人間の功績のあるなしを考慮することなしに，誰が救われ（選ばれ），恵みと信仰の賜物に与ることになるのかを，神が自由にお選びになることである．
- 制限された贖罪（**L**imited atonement）とは，キリストの贖罪はすべての人のためではなく，ただ神の選びに与った人たちのためであり，彼らが受ける恩恵である．
- 抗うことのできない恵み（**I**rresistible grace）とは，救いのための神の恵みは，選ばれた者たちには抗えない．
- 聖徒たちの救いの完遂（**P**erseverance of the Saints）とは，選ばれた人たちは永遠のいのちを生き続け，そして恵みからこぼれ落ちること

などない，と主張する．

これらの神学的な諸教義は「カルヴァン主義の五つの要点」と呼ばれることもあります．この会議は，神がアダムとエバが罪に堕ちることを前もって予定していた（堕罪前予定説）といった見解を教えはしませんでした．

56. ウェストミンスター信仰告白とは？

ウェストミンスター信仰告白は，1643年から1648年にかけてロンドンのウェストミンスター大聖堂で開催されたウェストミンスター神学者会議で整備された諸文書，すなわちウェストミンスター信仰規準の一部でした．121名の「神学者」（聖職者）たちの会議は，イングランド教会を改革するよう，長期（「ピューリタン」の）議会によって要請されました．会議は，議会が国王チャールズ1世と剥き出しの対立関係にあった際には，相談役を担う一団の一つとして機能しました．

この会議はイングランド市民戦争の期間に会合を重ね，そして教会の「三十九箇条」をただ改定するのに代えて「信仰告白」（1647年）を制定しました．会議はさらに「大教理問答」と「小教理問答」「公的神礼拝の指針」，そして「教会政治の指針」も作成しました．

諸種の政治的な出来事が原因で，ウェストミンスター信仰告白がイングランドの教会によって採用されることは一度もありませんでしたが，（長老派の）スコットランドの教会の主要な教義の規準となりました．それはさらにアメリカの長老主義にとっても，また他の英語圏の改革派の諸教会にとっても，変わらぬ信仰告白の規準になっています．

この信仰告白は，啓示された神の言葉としての聖書に関する力強い条項が特徴的です．聖書は神によって霊が注がれ，そして「信仰と生活の規範」となっています．信仰告白は，神の主権と，来るべきすべてのことをも定めておられる神の「永遠の聖定」（目的）を強調します．神の摂理は，教

会とすべてのキリスト者のいのちの内だけでなく，歴史とその被造秩序の内での導きであり，神の関与です．この信仰告白は，神の民（教会）の歴史の中で，そして神に応答する民の諸行為の中で，神の選びがどのように作用するのかを語り伝えながら，神の契約と，救われる人についての神の選びとを一つに結び合わせます．それはさらに，キリスト者の生活におよび，究極的には天において栄光が帰せられることになる神の養子として，聖性におけるキリスト者の聖化，あるいは成長について詳述します．神の律法はキリスト者たちを神の意思に服従するよう教導します．キリスト者の人生の目的は，類もない唯一の「良心の大君」であられる神の栄光です．

57. 宗教改革時代の主要な教理問答は何か？

諸々の教理問答書（「カテキズム」はギリシア語の「カト・ケイン（教え導くこと）」に由来）は初代のキリスト教の時代にまで遡り，それらは若者たちをキリスト教信仰の基本を教えるために考案されました．中世までには，教理問答書は，教えの要旨が筆写されたもので，教育のために用いられました．携帯できる小型判により，教理問答書は宗教的な文書において重要なひな型となりました．

ルターは重要な二つの教理問答書を記し，それらはルター派の教義の規準である『一致信条書』に収められています．彼の「大教理問答書」（1528－1529年）は聖職者が信仰の指導を行う際の手引きとするものでした．彼の「小教理問答書」（1529年）は十戒，使徒信条，主の祈り，聖礼典（サクラメント）をめぐって作成されました．

バルタザール・フープマイアーによる，再洗礼派の「キリスト教の教えの銘板（*Tablet of Christian Teaching*）」（1572年）は二つの部分に分かれています．前半部分が洗礼の執行に関するもので，後半部分が主の晩餐の執行に関するものです．

改革派の伝統にある数多くの教理問答書の中でも，カルヴァンの二つの「ジュネーヴ教理問答」，1537年仏語・1538年ラテン語版と，1542年仏語・1543年ラテン語版がジュネーヴの教会を導きました．「ハイデルベルク教理問答」（1563年）は，精神と心の両方に訴えかけ，中庸的な改革派信仰を代表し，そして，最も広く用いられる改革派の信仰規準の一つでした．ウェストミンスター神学者会議の成果である「小教理問答」と「大教理問答」は，信徒にとって，また牧師たちにとって，とても影響力のあるものとなっています．

イングランド教会の最初の教理問答書は「共同祈祷書」（1549年）の中に含まれ，後に「子どもたちのための教理問答」を含むものとして拡大されました（1559年）．これは，使徒信条，十戒，主の祈り以外にはほとんど言及のない，最小限度の教理問答でした．その後すぐに，アレクサンダー・ノウェルズの「教理問答」または「はじめてのキリスト教の信仰の教程と学び」（1570年）を含め，幾つかの大教理問答書が刊行されました．

ローマ・カトリック教会の教理問答書は，宗教改革の時代から大いに刺激を受けました．エラスムスは教育上の改革を活性化し，そして教理問答によって教導してきた古代の問答形式の指導要綱を復興させるため，二つの教理問答書（1514年，1533年）を執筆しました．ゲオルグ・ヴィッツェル（1501－1573年）の「教会の若者たちの手引き」（1542年）は，キリスト教徒の伝記を物語ることによる救済史的なアプローチが特徴的です．最も有名なのがイエズス会のペーター・カニシウス（1521－1597年）による問答形式に則った「カトリック小教理問答」（1559年）でした．

教義上の境界線が厳格化される時代を経ながら，教理問答書の強調点は，基本的なキリスト教の教育指導法から，それぞれの教派的な神学理解の確信を堅固にすることへと移り変わりました．

5

キリスト教信仰に係わる神学上の主題

 58. 宗教改革における「ソラ（〜のみ）」とは？

　プロテスタントの改革はしばしば「〜のみ」を意味するラテン語「ソラ (*sola*)」の語を用いた特有の強調点によって記述されます．この語は，プロテスタントがその神学的な確信の核心部として何を位置付けているのかを際立たせます．

　恵みのみ（*Sola gratia*）

　神の恵みは，それを受けるに値しないにもかかわらず神が与えてくださる恩恵です．それはキリストにおいて罪人に与えられる，神の自由な救済と赦しの行為です．それは，獲得するものでもなければ，与えられて当然のものでもありません．「あなたがたは，恵みにより，信仰によって救われました．このことは，自らの力によるのではなく，神の賜物です．行いによるのではありません．それは，だれも誇ることがないためなのです」(エフェソの信徒への手紙 2：8-9)，とパウロが述べるとおりです．

　信仰のみ（*Sola fide*）

　罪人たちは，信仰によって神の恵みに与ります．信仰とは，イエス・キリストにおいて啓示された神に対する確信，信頼，そして服従です．信仰とは，わたしたちがイエス・キリストを知り，このお方を確信することに

よって救いの賜物に与る（ヨハネによる福音書6：40），その手段です．「正しい者は信仰によって生きる」（ガラテヤの信徒への手紙3：11）のです．

キリストのみ（*Sola Christo*）

イエス・キリストは，このお方をとおしてしか救いに与ることのできない，唯一のお方です．キリストは真の人かつ真の神であり，そして「神と人との間の仲介者」（テモテへの手紙一2：5）です．キリストの十字架上の死が罪の赦しをもたらし，そしてこのお方の復活が，このお方を信じるすべての人に永遠のいのちを保証します（ヨハネによる福音書3：16）．

聖書のみ（*Sola Scriptura*）

神は，神の言葉である聖書をとおして，神御自身を啓示されます．聖書はキリスト教の信仰とキリスト者の生活にとっての権威です．プロテスタントの改革者たちは，教会にとっての権威は聖書とともにローマ教会の諸伝承と諸教令に由来する，というローマ・カトリック教会の見解を斥けました．聖書は，それによってイエス・キリストが啓示され，わたしたちに知られるようにする手段です．

神の栄光のみ（*Soli Deo gloria*）

キリスト者の生活や活動のすべては，自分自身に栄光をもたらすためではなく，神に栄光を帰すためのものであることを，改革者たちは強調しました．パウロは「何をするにしても，すべて神の栄光を現すためにしなさい」（コリントの信徒への手紙一10：31）と命じています．

 59. 聖書の権威とは？

キリスト教の信仰にとって，またキリスト教会にとって，権威をめぐる論点は核心的です．わたしたちが信じることやわたしたちが行うことにとって，その本来の源泉は何でしょうか？　これはすべての教会にとって，またすべての個々のキリスト者にとって鍵となる重要な問いです．

宗教改革においてプロテスタント諸教会はみな，教会とキリスト者にとっての源泉かつ手引きとして，聖書の権威よりも大いなる権威は存在しないという点で，一致しました．このことが，ローマ教会に抗してルターによって提起された強烈な主張の要点でした．教会にとっての権威の土台は聖書であり，しかも聖書のみ（*sola Scriptura*）である，とルターは主張し，彼の後から登場してきた他のプロテスタント諸派も同様でした．伝承，理性，聖霊の促しといった権威に関する聖書以外の源泉は，副次的なものにすぎません．聖書は神の言葉と神の意思が明らかにされている場所です．教会が聖霊の働きをとおして聖書を説き明かすときに，神は啓示され，神の民に通達されます．聖書における神の言葉が教会のいのちと教えを改革します．

聖書は神の啓示です．聖書は神によって霊が注がれていること（テモテへの手紙二 3：16）を，宗教改革の諸教会は一致して同意しました．どのように注がれる霊が働くのかは秘儀です．しかし，聖霊が注がれて，神が伝えたいことを伝達した人間の著者たちをとおして神は働かれた，と諸教会は信じています．聖書において神の聖なるメッセージが人間の言葉で表明されています．

聖書において伝えられるメッセージは，イエス・キリストにおける神の救いに関するメッセージです．聖書の目的は神学的なこと，すなわち，救いに必要なすべてのことを提供することです．聖書は，このことに関する神の啓示が見出せる唯一の場です．人類史上最も重要なメッセージ，すなわち，イエス・キリストにおける神の愛（ヨハネによる福音書 3：16，ローマの信徒への手紙 5：8 を参照）にとって，聖書が唯一の源泉です．

プロテスタント諸派は言葉と霊との不可分離性を堅持しています．聖書における神の言葉には権威があり，それは聖霊の働きによって「生きてくる」のです．神の聖霊が，神の言葉としての聖書を証言または証明し，そして聖霊が日々の教会生活の中でわたしたちが聖書を解釈できるようにしてくださるのです．言葉と霊は互いに分かち難く一つに結び合っています．

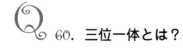

60. 三位一体とは？

　宗教改革の時代のプロテスタントの諸教会は，古代教会から，そして中世のカトリシズムを経て，三位一体の教義を受け継ぎ，受領しました．初代教会では教会の神認識を的確に表現する方法を見出すまでに多くの時間を要しました．ニカイア（325年）およびコンスタンティノポリス（381年）での教会会議は，キリスト者たちは三つの位格における唯一の神を信じ，礼拝する，と宣明しました．神は，旧約聖書においてユダヤ人たちが信じたように，唯一の神です（申命記6：4）．しかも神には，新約聖書が証言するように，父・子・聖霊の三つの位格があります．神は本性において唯一であり，そして三つの永遠なる位格を具えておられます．

　三つの位格には神性という全く同じ「本性」があります．三つの位格はみな，力と栄光において同等です．三つの位格はみな，礼拝される対象です．讃美歌が次のように歌うとおりです．「三つの位格にまします神，祝福に満ちた三位一体よ！」．この神の三位一体の信仰において，宗教改革の諸教会は，ローマ・カトリック教会と正教会と同様に，古代の教会会議の結論に一致します．

　西方のキリスト教会の伝統は，聖霊は「御父と御子とから出て」（ニカイア信条）と言明します．東方のキリスト教の伝統（東方正教会）は，聖霊は「御父から出て」と言明します．この相違により，1054年にキリスト教会は西方と東方のそれぞれの枝に分かれました．

　プロテスタンティズム内では，改革派の伝統は神の主権――神が全世界の主であられること――を強調することによって特徴づけられてきました．このことには，摂理の教理に即して，わたしたち人間の生涯を含む人類の歴史の中で，歴史を治め導く神の意思が遂行されていることも含まれます．

ルター派の伝統，つまりルターの後継者たちは，世界における神の「秘匿性」をも強調します．すなわち，イエス・キリストにおける神の力と救いの目的は，世界からは，また人間の理性からは，明らかなものでもわかりやすいものでもない，ということです．むしろ，わたしたちは最も予期しないところで，人となられたキリストの中に，神を見出します．自らの十字架上の死において卑しめられたイエスこそ，わたしたちが —— 聖霊によって与えられる信仰によって —— 神を見出すところである，というわけです．

61. イエス・キリストとは？

イエス・キリストに関する教義（キリスト論）は，三位一体の教義と同様に，宗教改革の時代になってから議論されはじめた教義ではありませんでした．プロテスタントの改革者たちは，イエス・キリストとは何者かをめぐって公式化された古代の教会会議の教理を受け継ぎました．

キリスト教会は，三位一体の第二位格であるイエス・キリストが受肉において人間となったこと，「言は肉となって，わたしたちの間に宿られた」（ヨハネによる福音書 1：14）ことを信じてきました．イエスは，受肉において完全に人間の本性を受け取った，真の人でした．イエスは真の人でしたが，しかし同時に，真の神でもありました．イエスは一つの人格のうちに二つの本性（人性と神性）を具えていました．

初代教会では幾人もの神学者たちが，キリストの本性の一方を犠牲にして他方を強調しました．しかし，キリストの人性と神性の両方がイエス・キリストの内に完全に明らかにされなければならない，と教会は理解しました．それぞれの領分が現れつつも，人性と神性はひとりの人格の内で一つに結合しています．福音書の中で，たとえば，彼が起こした数々の奇跡（ルカによる福音書 8：40–56，他）などに，わたしたちはイエスの神の力の

具体例を目の当たりにします．同じように，友であるラザロの死に際し涙を流した（ヨハネによる福音書 11：35）ような，イエスの紛れもない人間的な感情も目の当たりにします．

神学的には，二つの本性を具えたひとりの人格としてイエスを信じることは，特に自らの十字架上の死をとおして救いをもたらす彼の働きにおいてはまさに決定的なことである，と改革者たちは，教えました．もしイエスが真の神でなければ，彼の死には罪深い人間を救う力はなかったでしょう．彼の死は，彼よりも前にすでに亡くなっていた他のすべての人たちの死と何ら変わらないでしょう．もしイエスが真の人でなければ，彼は完全には人間とはみなされず，そして死ぬことも，人類が赦される必要のある罪（ヘブライ人への手紙 4：15）を自らに引き受けることも，できようもなかったでしょう．救いが出来事となるために，仲介者，救い主，わたしたちのために死んでくださったお方が，神性と人性を具えたひとりの人格──イエス・キリスト御自身──でなければなりません．

 62. 人間の真相とは？

神は人間を，その創造者との愛と信頼の関係の中で「善い」ものとして創造したこと（創世記 1 章）を，すべてのキリスト者は信じています．しかし，罪がその状況に入り込み（創世記 3 章），そして今や人間の真相はすっかり変化しました．プロテスタントの改革者たちには，人間の本性と救いをめぐる幾つかの論点で意見の相違がありました．

原罪をめぐる論点では，プロテスタント教会はローマ・カトリック教会の神学と一致しました．どちらの伝統も共通にアウグスティヌス（354－430 年）の教理から影響を受けました．古代教会では，罪の本性とその波及をめぐるアウグスティヌスの諸種の見解は重要でした．それらは中世のローマ・カトリック教会の神学者たちによって取り上げられながら，それ

5. キリスト教信仰に係わる神学上の主題　*115*

ぞれに異なるしかたで解釈されました. しかしそれでも一貫していた点は,
人間が犯した罪の結果 ── 神を愛し, 信頼する関係は断ち切られ ── 人
間本性は完全に堕落した, というアウグスティヌスの見解でした. エデン
の園でのアダムとエバの「堕罪」に関する聖書物語は, 後に「人は皆, 罪
を犯して神の栄光を受けられなくなっています」(ローマの信徒への手紙
3：23) と教えた使徒パウロによって悲劇的な表現で語られ, 神と人間と
の関係の破局を示すものとして解釈されました. その結果,「罪が支払う
報酬は死です」(ローマの信徒への手紙 6：23).

　「原罪 (Original Sin)」は人類の「始原 (Origin)」と緊密に関連する罪
を表しています. わたしたちの「最初の両親」のせいで罪がすべての人の
真相になったという意味で, 罪は継受されている ── 誰もがこれに該当
する ── と教会は教えます. 原罪から免れる人は一人もいません. それ
は神との関係の喪失であり, 人間が神の律法を破ること, 神がわたしたち
に望んでおられる生き方には遙かに遠く及ばないこと, 自分たちの生存の
ための神の意思に背くこと, という具合に表現されるようになりました.

　改革者たちは原罪を, 神と人間の関係を完全に破壊する原因として理解
しました. 罪はわたしたちの人生のすべてに, そして全体に, 影響をもた
らします. 人間の理性も影響を受け, その結果, 人間は神に背くために自
らの精神を用います. 人間の理性は, 神に関する真の認識へと自らを導く
ことができません. それができるのは唯一, 神の聖なる啓示としての聖書
だけです. ですから同様に, 人間が「善い」こと ── 神の意思 ── を行
うための自由は正常には作動しません. これが, 改革者たちがローマ・カ
トリック教会側と論駁し合う争点となり, そしてまた, 改革者たち相互で
も論駁し合う争点でもありました.

63. 自由意志とは？

「自由意志」——「したい」ことをし，何をするか「選ぶ」ことができる人間の能力——をめぐる論点は，宗教改革の時代までにすでに議論されてきた論点でした．ローマ・カトリック教会の伝統では，トマス・アクィナス（1224/1225－1274 年）が，人間には一方の側にあるものの代わりに他方の側にあるものを選び取る，または他方の側の行為過程を選び取る自由選択権がある，と主張しました．中世の神学者たちはこれを，人間には神に向かって進み行くために，そして義認あるいは救いへと導くことができる功徳を積み立てるために自由意志がある，と解釈しました．

1520 年代の半ばに，エラスムスとルターがこの論点をめぐり議論しました．1518 年にルターは（アウグスティヌスに倣い），人間には自由意志があることを，人間の（原）罪の力のゆえに，否定しました．エラスムスの「自由意志論」（1524 年）は，人間の意志には永遠の救いへと向きを変えるかどうかを決めるだけの能力がある，と訴えました．愛によって形作られる信仰は救いをもたらすことができる，というわけです．

ルターは「奴隷意志論」（1525 年）でこれに応え，その中で彼は，原罪によって人間にもたらされたダメージにより，神に向かって進み行くことを「意志する」または「選び取る」ことが人間にはできないほどまでに，人間の理性も意志も同様に罪の影響を受けている，と主張しました．ただ神の恵みの力だけが救いをもたらすことができる，というわけです．これはジャン・カルヴァンの見解でもありました．

ルターの見解は，人々は「あやつり人形」で，日々の日常生活の中での——あるものを手に取るか取らないかのような——自由選択ができないことを意味しているのではありません．これらは「低俗な」問題であり，救いとは何ら関係のない問題です．しかし，罪ゆえに，人間は「善を意志

する」ことができません．罪深い人間の意志はいつでも，救いに与ることを選び取らずに，罪や悪を選び取ります．人間の諸行為は強制されてはおらず，それらはその人の意志の自由な表出です．したがって，人間には自らの行為に責任があります．しかし，罪深い人間には罪深い意志があるため，キリストの福音に与るための「自由な意志」をもち合わせていないのです．ただ神だけが，聖霊の働きをとおして，救いをもたらすことができ，そして罪と死の力から解き放つことができます．

　ルターとカルヴァンの見解は，救いは人間の努力や功績によるのではなく，神の恵み（または選び）による，という点を強調します．

 64. 選びと予定とは？

　「選び」や「予定」は，同じことを示す別の用語としてしばしば用いられます．それらは，何らかの形での人間の努力によってではなく，むしろ神の力と恵みによって，人間のために成就される救いのことを言い表します．予定の聖定においては，誰が救われるのか，そして誰が救われないのかを決定する，または選ぶのは，神です．

　選びは完全に神がなさる業であり，人間に属するものではないという見解は，ルター，ツヴィングリ，そしてカルヴァンの共通見解でした．罪は人間と神との間の関係を台無しにし，罪深い人間は自らが罪深い状態から自力で脱出すること，または脱出しようと意志することができません．ですから，救いは，ただただ神の恵みによるのであり，信仰という聖霊の賜物をとおして人間はこれに与るだけです．宗教改革の神学者たちの間でも，またルター派や改革派の伝統の内部でも，個別的な諸問題に対して種々異なるしかたで答えていくにつれて，多様な見解が登場しました．

　一つの問いは，ある人たちの裁きまたは滅びの問題をめぐって，お選びになる神の役割に関するものでした．ツヴィングリは，神の「二重の聖定」

——ある者にとっては救いが，また他の者にとっては滅びが予め定められている聖定——に言及しました．ルターは——人間には自力で福音を受け入れることができるような「自由意志」がないため——救いのための神の予定を宣明しました．しかし，ルターは二重予定には固執せず，人間は自ら福音を拒絶するからこそ人間は滅びの報酬を受ける，と信じました．

カルヴァンにとっては，救いのために神による選びがあり，そして，神による拒否または滅びの宣告があります．神による滅びの宣告は，罪人に対する神の公正な審判によるものです．選びは，神の恵みの慰めに満ちた表出となり，キリストを信じる人たちに，自分自身の信仰や行いのその儚さによってではなく，神の恵み深く，支える力に，彼らの救いは基づいていることを確証しているのです．

ルター派の「和協信条」（1577年）では，神の言葉をとおして，イエス・キリストをとおして知らされる救いに対する選びだけが考慮されます．「和協信条」はさらなる推論を拒否し，信仰者たちにすべての人のために希望をもつようにと促します．イングランド教会の「三十九箇条」（1563年）では，選びに関する「語りつくせない慰め」に言及しますが，救いと滅びの宣告の二重予定への言及はありませんでした．

65. 義認とは？

マルティン・ルターは信仰義認をプロテスタントの改革の中心的な論点にしました．

義認は救いを理解する道筋です．それは新約聖書のパウロの幾つかの手紙，特にローマの信徒への手紙やガラテヤの信徒への手紙をとおして，はっきりと示されており，この点をめぐってルターはヴィッテンベルク大学で講義をしました．

「ただ信仰のみによる義認」はルターの標語となり，特にローマの信徒
への手紙1章17節の「神の義が掲示されていますが，それは初めから終
わりまで信仰をとおして実現されるのです．『正しい者は信仰によって生
きる』と書いてあるとおりです」の言葉に由来します．義認は司法の法廷
から引き出された概念です．神学的には，義認は，罪なき神の御子イエス・
キリストの義に基づいて，人間本性に内在する罪をお赦しくださる神の行
為をさします．十字架上のキリストの死は，人間が犯した一切の罪に対す
る代償として，神によって受け入れられます．キリストはわたしたちの罪
のために死なれました．神はキリストの義を，人間の罪の代償として受け
入れ，そして「イエス・キリストの義」に基づいて「わたしたちを義と認め」
てくださいます．これが —— 罪深い人間にそれにまったく値しないもの
を与えてくださる —— 神の自由な恩寵行為です．パウロはこう綴ってい
ます．「……しかし，神の賜物は，わたしたちの主キリスト・イエスによ
る永遠の命なのです」（ローマの信徒への手紙6：23）．わたしたちは信仰
によってこの恵みの賜物 —— わたしたちのためのイエス・キリストの義
—— に与ります．その時，「わたしたちは信仰によって義とされたのだか
ら，わたしたちの主イエス・キリストによって神との間に平和を得」（ロー
マの信徒への手紙5：1）るのです．

　プロテスタントの改革者たちは，人間はただ信仰によってのみ義とされ
るという点で合意し，善い行いをすることによってでも，人間が努力して
救いを「獲得」するよう仕向ける律法の履行によってでもない，というこ
とで一致しました．しかし，これがローマ・カトリック教会の教理と渡り
合ったうえでの救いの見解でした．改革者たちはパウロの言葉を引用しま
した．「なぜなら，わたしたちは，人が義とされるのは律法の行いによる
のではなく，信仰によると考えるからです」（ローマの信徒への手紙3：
27）．これが二つの宗教改革のスローガン「恵みのみ」と「信仰のみ」の
基礎を形成しました．

66. 信仰とは？

　信仰は，改革者たちが理解したのと同様に救いと義認を理解するための鍵となります．

　キリスト教の信仰では，イエス・キリストにおいてその恵みと愛を啓示された神への信仰が要請されます．信仰とは，イエス・キリストという一人格への信頼とともに，神が恵み深く愛に富むお方であるとの確信のことです．イエス・キリストを信じる「信仰」をもつことは，イエスを確信し，信頼することなのです．

　神学的には，宗教改革の神学では，「信仰」とは，信じられている対象——特にイエス・キリストについて，このお方はどなたなのか，何をなさったのか——を意味するだけでなく，同時にイエス・キリストが義認と救いにおいてわたしたちのためにしてくださったことの恩恵に与る際の，当人の信頼と献身をも意味します．再洗礼派の神学では，信仰にはさらなる強調点があり，それは罪に対する死とキリストにおける新しい命へと復活させられることであり，その結果，人はキリストの弟子としての生涯を生きることができるのです．こうして，信仰はイエス・キリストに集中します．それは神の恵みによる（エフェソの信徒への手紙 2：8–9），神からの賜物です．信仰には全人格が，つまり，知性（わたしたちは何を信じるか），献身（わたしたちは誰を信頼するか），倫理的活動（イエス・キリストの弟子としていかに生きるか）が含まれます．あるいは，頭も心も手もすべてが含まれる，とわたしたちは言うことができるでしょう．このことはすべて聖書をとおして知らされます．

　神の聖霊の賜物としての信仰とは，人が信仰を自ら作り出すものではないということを意味します．それは与るものであって，獲得するものではありません．信仰は人間の理性が自力で到達することのできるものではな

いのです．信仰は，そこにおいてわたしたちがイエス・キリストの恩恵に与る，神の賜物です．キリストの死が，罪の赦し，罪の力からの解放，そして神との和解と平和をもたらします（コリントの信徒への手紙二 5：19，ローマの信徒への手紙 5：1）．その復活において，キリストは「わたしたちが義とされるために復活させられ」（ローマの信徒への手紙 4：25）ました．

ローマ・カトリック教会の伝統において，信仰は洗礼と関連付けられ，洗礼は信仰のサクラメント（聖礼典）と呼ばれてきました．中世後期の時代の信仰の焦点は，教会が教えることへの知的同意を表明することであり，救いの過程においては，当人の生活の中で愛によって信仰が形作られてはじめて救いへと導かれる，ということでした．

信仰の本性をめぐるこれらの異なる概念は，ローマ・カトリック教会とプロテスタント教会との教理を特徴づけました．

67．「善い行い」の善とは？

宗教改革の神学では，イエス・キリストを信じる信仰をとおして，神の恵みによって，救いはもたらされます．救いは「信仰のみ」によるのです．

しかし，プロテスタントの人たちにとって，この「信仰のみ（Faith alone）」とは「ただそれだけの信仰（Faith which is alone）」ではありません．イエス・キリストにおける救いはいつでも信仰をもつ人々を「善い行い」をするようにと導くものです．善い行いは，信仰の応答として，神がキリストにおいてわたしたちのためにしてくださったことへの感謝の中から生じてきます．

神学的に，善い行いはキリスト者の人生におけるキリスト教的な成長である聖化の過程の一部です．義認は聖化へと導きます．善い行いはその人の救いが明らかにされていく道筋です．善い行いが義認や救いをもたらす

のではありません。善い行いは信仰の実りなのであって、信仰の原因ではないのです。ルターは、善い行いが人を——義と認められている、または救われているという意味において——「よし（善）」とするわけではない、と主張しました。しかし、「善い人（義とされた人）」は善い行いをするようになります。キリスト者たちは「神が前もって準備してくださった善い業のために、キリスト・イエスにおいて造られ」（エフェソの信徒への手紙2：10）ています。

　この点について、プロテスタントの改革者たちは、人々が洗礼を受けたその時に、神の恵みがその人々を善い行いをするよう導く、というローマ・カトリック教会の見解に同意しませんでした。このローマ・カトリック教会の見解では、人々は「功績」を獲得し、それによって救われるのです。正統的なローマ・カトリックにおける「功績」とは、神の御旨に適うまたは値する諸種の行いを遂行するために人間の意志が神と共に働くとともに、神の恵みによって、神からの報いが与えられる、という意味です。

　プロテスタントの立場は、本来的にはどんな人間の行いも神の御旨に適っていると訴えることはできない、というものです。信仰の諸行為に対する神の報いは、神の善に満ちた慈しみの業として、死後に与えられるかもしれません（カルヴァン）。しかし、キリスト者たちによって行われる「いま・ここ」での善い行いには救いをもたらす力はありません。善い行いは救いの「表出」なのです。

 68. 教会とは？

　教会（またその聖礼典）の本性に関する諸種の問いは、16世紀の宗教改革期においては見解が割れる論点でした。

　プロテスタントの改革者たちは、イエス・キリストの教会を、神の聖霊の働きによって共に召し集められた、キリストに結ばれている（イン・ク

ライスト）信仰者たちの共同体と理解しました．改革派の伝統の特有な強調点では，教会は神の永遠の選びに与る聖徒たちによって構成されています．

キリストの体としての教会は，神の言葉の説教と聖礼典（サクラメント）の正しい執行によって特徴づけられます．スコットランド宗教改革では，さらにもう一つの教会のしるしがあり，それは教会が教会的規律（戒規）を執行する点です．改革派教会では「見えない」教会としての教会，つまり，神にしかその信仰がわからない聖徒たち（選ばれた人たち）についても議論します．また「見える」教会とは，互いに顔と顔を合わせ，そして，中にはイエス・キリストへの真の信仰をもっていない人も含まれる，集められたキリスト者たちの共同体のことです．ルター派やアングリカンの伝統では，福音が純粋に説教され，純粋な神の言葉が宣告されるところ，と教会を説明します．教会はイエス・キリストを信じる信仰をもたらす神の言葉によって創造されている，との見解をルターは保持しました．

改革者たちは，ローマ教会こそが唯一の真の教会であり，救いの施与者である，とのローマ・カトリック教会の見解には同意しませんでした．この見解では，ローマの教会に加入することが，誰しもの救いにとって必要なことになります．この教会の外には救いはありません．教会への加入によって，教会が行使する，救いの過程を生じさせる手段である聖礼典に与る権利が得られる，ということになります．

再洗礼派では，その成員たちの間で真の弟子性が具現化した見える教会に多大な関心が注がれ，「見えない」教会と「見える」教会にはほとんど関心がありませんでした．他のプロテスタント諸派と同様に，再洗礼派も教会を，キリストを土台に形作られ，聖書をとおし設立される，と理解しました．しかし，真の教会の第一のしるしは，キリストの弟子として生きるその成員たちの新しい生き方の中に見出されました．

69. 説教とは？

　説教は宗教改革の中核でした．プロテスタントの改革者たちが説教を考案したのではありません．宗教改革以前から，説教の職務はローマ・カトリック教会——ドミニコ会やフランシスコ会——にもありました．ジョン・ウィクリフは説教者であり，説教の伝統を継続させました．
　宗教改革は，新しい主眼点を聖書的な説教にもたらしました．主要な改革者たちは（メランヒトンを除いて）説教者であり，一週間に何回も説教しました．改革者たちの説教は彼らの著作集に数多く含まれています．御言葉の説教は改革者たちによって真の教会のしるしとみなされ，そのため説教は最も重要な牧師の職責です．
　改革者たちは説教の本性をめぐって異なる強調点をもっています．しかし彼らは，神の言葉の説教は神の言葉である（ブリンガー）という点で一致しています．人間の説教者をとおして，神の言葉は福音として会衆に届けられます（ルター）．聖霊をとおして，神の言葉——イエス・キリスト，そしてこのお方がわたしたちの救いのためのしてくださったこと——を宣言するために，神が説教者の言葉を用いられます．神の啓示としての聖書をとおして，わたしたちはイエス・キリストにおいて神の愛を知るのですから，説教は，その本質からして，聖書的（かつ神学的）でなければなりません．それによって，聖書が「神の言葉」であり，本来的にはイエス・キリストが「神の言（葉）」（ヨハネによる福音書1：1）であるように，説教も「神の言葉」なのです．
　説教における神の言葉は「啓示する」御言葉です．説教における人間の言葉が，神の聖なる言葉を，イエス・キリストにおける神の自己啓示を明らかにします．説教における神の言葉は救いの手段を証言する「救済する」御言葉です．説教をとおして，わたしたちは信仰によって，聖霊の働きを

とおして，キリストと一つに結び合わされます．説教における神の言葉は「命令する」言葉です．説教をとおして，イエス・キリストは，信仰者たちのいのちの中だけでなく，教会において，そして世界を包んで，神聖な権威を遂行します．パウロにとってと同じように，改革者たちにとっても「信仰は聞くことにより，しかも，キリストの言葉を聞くことによって始まるのです」（ローマの信徒への手紙 10：17）．

70. すべての信徒の司祭性とは？

　ローマ・カトリック教会の七つの秘跡（サクラメント）の一つは聖なる職制（叙階）でした．この中で，ひとりの人間がひとりの司祭となり，そして，救いにとって不可欠な本質とみなされる教会の秘跡が彼によって遂行されます．司祭は，礼拝を指導し，独身男性で，神と人間との間の仲介者，またはとりなす者としての役目を果たします．司祭と一般信徒はそれぞれ完全に区別されます．

　1520 年までにルターは，イエス・キリストを信じる信仰者たちはその信仰ゆえに誰もがみな「司祭」であると主張し，この上記の構造に異議を唱えました．洗礼とキリストの福音を信じる彼らの信仰によって，すべてのキリスト者は霊的な司祭でした（コリントの信徒への手紙一 12：12-13，ペトロの手紙一 2：9，ヨハネの黙示録 5：9-10）．聖職者も一般信徒も，神の御前では同等な立場でした．この霊的な司祭性とは，他者に対してすべてのキリスト者がその務めを果たす，という意味です．彼らは仲介者としてもう一人別の人（聖職者）を必要とはせず，イエス・キリストをとおして，神のもとに直接に来ることができます．

　さらに，すべての信徒の司祭性は聖書を解釈する権利をも意味します．すべてのキリスト者には，キリスト教信仰において何が真実で何が偽りかを判断する権利と責任があります．キリスト者はみな，霊的にキリストと

一つに結び合わされているため，キリスト者は他者の見解に「従属」せずに判断をすることができます（コリントの信徒への手紙一2：15）．

しかし，教会にとって聖書を解釈する権利は，全体としてのキリスト教共同体に委ねられました．厳密に言えば，「私的な」聖書の解釈が規準として採択されることはありませんでした．ルターによれば，教会は神の言葉を宣告し，教え，聖礼典を執行するために，ある人々が教会のために立てられることが認められるべきものとされました．牧師のつとめに就く人たちは，教会を代表して聖書を解釈します．そのため，ルターは一方で正当な聖書解釈の源泉としてのローマ教会の位階制を斥け，他方で信仰者個々人による聖書解釈の営みの完全な個人化は回避しようとしました．

トリエント教会会議では，ローマ・カトリック教会は，教会の伝統的な聖職者構造の位階制度に賛同し，「すべての信徒の司祭性」を拒絶しました．

71. ミニストリーとは？

プロテスタントの改革者たちは，信仰をとおして神の恵みによって義と認められる点を強調するとともに，信仰とは愛をとおして働いている（ガラテヤの信徒への手紙5：6, 13），との使徒パウロの言葉を追認していきました．信仰によって義とされたすべてのキリスト者は，愛の行いをもって他者に自らの信仰を証しする，すべての信徒の司祭性に与ることになります．これが他者への奉仕（ギリシア語で「ディアコニア」）です．それこそが，改革者たちがキリスト教的なミニストリー（つとめ：司牧職）の本性として理解したものです．

この点において，改革者たちはイエス・キリストをミニストリーの模範とみなしました．このお方の救いの働きは，他者のために自らの命を捧げることでした．そして，イエス・キリストが「人の子は仕えられるためではなく仕えるために，また多くの人の身代金として自分の命を捧げるため

に来たのである」（マルコによる福音書 10：45）と言われたように，他者に仕えることでした．イエスのミニストリーは他者への愛と奉仕でした．「わたしはあなたがたの中で，いわば給仕（サービス）する者である」（「サービス」[奉仕および礼拝を意味する]はラテン語で「ミニストラート」，ルカによる福音書 22：27）．

奉仕のミニストリーは，イエス・キリストにおける自分たちの義認と救いの証しとして，すべてのキリスト者が実践するよう命じられていることです．教会における御言葉と聖礼典（サクラメント）のミニストリーへの召命を受けた人，特に牧師たちは，他者に対して上に立つこと，またはいわゆる「上流の身分」を得ることを追求することによってではなく，他者に仕えることによって，自分たちに与えられたミニストリーを遂行するのです．さらに，イエスは「あなたがたの中で偉くなりたい者は，皆に仕える者になり」なさい（マタイによる福音書 20：26）とも言われました．「聖職者」も「一般信徒」もその平等な位置づけによって，教会の中から立場や階級の区分は消えます．彼らの等しい点は，イエス・キリストへの自分たちの愛と信仰の証しとして，他者に仕えることです．

ミニストリーは奉仕であるという神学的な確信は，牧会的な配慮をとおして，支援を必要とする人々に仕えるとともに，貧しい人たちや困窮している人たちへのミニストリーを実行するよう，宗教改革の諸教会を奮い立たせました．カルヴァンによって展開された教会の職務の事例では，執事（英語で「ディーコン」，由来はギリシア語「ディアコニア」，すなわち「奉仕」の意味）の職務には特に，人間的に必要とされるものを満たし，共同体の社会的福利のために一致団結するという力強い諸種の役割を担いました．

 72. キリスト教における召命とは？

ラテン語「ヴォカレ」に由来し，「呼ぶこと」を意味する「召命（ヴォケー

ション）」という用語は，中世ローマ・カトリック教会では修道院での生活や教会の司祭職に献身した人たちを言い表すために用いられました．この語は「ここには本当に「召命」を受けたキリスト者たちがいる」という具合に，人々に対して用いられました．

しかし，すべてのキリスト者が「召し」を受けていることを新約聖書は教えている，とルターは確信しました．彼らはまずイエス・キリストの弟子となるようにと召され，洗礼と信仰をとおして「すべての信徒の司祭性」の一員に参入するよう招かれます．これはすべてのキリスト者にとってはごく一般的な招きです．もっとはっきり言えば，キリスト者は本当の自分に気づかされる人生の個別具体的な局面や役割の中で，神に奉仕する道へと召されています．コリントの信徒への手紙一7章20節の言葉「おのおの召された時の身分にとどまっていなさい」に訴えつつ，ルターはこれらの役割を確定的なものと理解しました．人がキリストにおける神に奉仕するのは，ある者はおそらく農夫として，またある者は商人として，といった具合にです．そうした召命のすべてが，たとえそれらの社会的な地位や立場が違っても，尊厳においては平等でした．

カルヴァンの見解はもっと柔軟でした．新約聖書における第一義的な「召し」や「招き」はキリストに従うことである，と彼も確信しました．しかし，わたしたちがキリストの弟子として生き抜けるよう手助けするために，神はわたしたちを多種多様な奉仕のあり方——働きや特定の職務——へと召しておられます．この召しのあり方は，自らの信仰を証し，神が熱望されているつとめを遂行できるようわたしたちを助け促すための「見張り台」として機能します．こうしたつとめや召しは，その人の人生を通じて，人を新しい仕事や奉仕へと導く聖霊の働きによって変えられることもあります．わたしたちの召しはこの世界のただ中で，そしてキリスト者の日常生活の中で，形作られていきます．それらは——修道士たちがそうだったように——人をこの世界から遠ざける召しではありません．それらはむしろ，「何をするにしても，すべて神の栄光を現すためにしなさい」（コ

リントの信徒への手紙一 10：31）とのパウロの忠告を，キリスト者たちが現実のものにすることができる道筋なのです．

「召し」という言葉はさらに，ある人物が地方の各個教会の牧師となるべく「招聘された」際に，教会の権威のもとで，牧師職への就任または異動を承認するために用いられるようにもなりました．

73. あらゆる物事の終わりはどうなるのか？

「終末論（エスカトロジー）」は「終わりの出来事（ギリシア語でエスカトス）」あるいはこの世の終わりを示す神学的な専門用語です．終末論には，キリストの再臨や最後の審判，キリストによる永遠の統治，神の国など，他にもまだ主題が挙げられるくらいに，聖書的かつ神学的な項目として多面にわたる次元があります．

中世の時代に，フィオーレのヨアキム（1135－1202 年）やジローラモ・サヴォナローラ（1452－1498 年）は，彼らの預言的で神秘的なさまざまな教えで，終末論的な熱狂をかき立てました．キリストの再臨が起こり，そしてキリストが地上の一切を支配するために御自身の千年王国を樹立する（ヨハネの黙示録 20：2－7 を参照）ことを，多くの人々が期待しました．黙示信仰は，終末はいつでも今すぐにも起きようとしている，という見解でした．

初期宗教改革の時代には，「終わりの日」は起こりつつある，そして間もなくこの世の終わりが来る，という信念が広まっていました．再洗礼派の神学者たちはしばしばその予測を立てました．ハンス・フットは 1528 年に世界は終わりを迎えるだろうと予言し，メルキオール・ホフマンは，それは 1534 年になると予言しました．ミュンスターに新しいエルサレム（ヨハネの黙示録 3：12，21：2，10）となるべく聖なる王国を建設しようという試み（1534－1535 年）は，福音の回復と差し迫ったキリ

ストの再臨の一つのしるしでした．ミュンスターの出来事が破滅的な終焉を迎えた後，再洗礼派の人々は同じようなしかたで終末論的な事柄について強調することはもう二度とありませんでした．

　ルターと他の改革者たちは，彼らの時代の出来事の中に世界の終わりのしるしを幾つか見出しました．教皇を反キリスト――「罪の人」（ヨハネの手紙一 2：18，22，4：3，ヨハネの手紙二 1：7，テサロニケの信徒への手紙二 2：3）――と同一視することが，終わりの時が近づいている共通のしるしでした．ルターにとってはトルコ人の脅威（1529 年）もこの世の終わりへの期待感の高揚をもたらしました．しかし，神が働き続けてくださっているのだから，世界はこれまでどおりに続いていくだろう，とルターはよりいっそう楽観的な時もしばしばありました．

　カルヴァンは，神の主権を強調し，神の御旨は歴史の中で働き続けていることを宣明しました．歴史は神の究極的な支配へと向かって進み続けました．教会は神の最終的な支配を待ち望み，自らの復活において高められたキリストが栄光に満ちた人間性を身にまとって始められるその支配を待ち望みます．キリスト者たちは，キリストの栄光に与ることを予見しつつ，今日の苦難を耐え忍ぶことができるよう，将来のいのちについて深く黙想すべきです．

74. 死後のいのちについては？

　死後のいのちがあるのかどうかは，多くの人々に生じる問いです．キリスト者たちは聖書の中に死後のいのちの証拠を見出します．しかし，この概念に関する様々な見方について相違点は幾つもあります．

　宗教改革の時代のすべての教派団体は，キリスト教の信仰者たちが向かう天国か，それとも福音を拒んだ人たちが向かう地獄か，いずれかに死後のいのちはある，という点でおおよそ一致していました．

5. キリスト教信仰に係わる神学上の主題　*131*

　ローマ・カトリック教会の伝統では，煉獄が死後に最初に向かう目的地です．そこは，極悪非道人ではなかったとしても，神に対する罪を負う人々が亡くなると，天国に行く前に激痛の浄罪火で清められるために時間を費やすところです．敬虔な人々は煉獄の中にいる魂のために祈り，また贖宥状は煉獄の中にいる魂のために購入することができました．贖宥状をめぐる論争によってルターの改革の活動が始まりました．しかし，煉獄思想はプロテスタントの諸教会の間では斥けられました．

　プロテスタンティズムにおいて，天国は，聖にして三位一体なる神が住んでおられる，究極の祝福の場所です．そこは神に選ばれた人たち，（改革派の伝統では）見えない教会の人たち，イエス・キリストをとおして救いに与っている人たちの永遠の目的地です．そこは，救われた人たちが，その死後に，また最後の審判の後に，直接に向かう目的地です．「魂の眠り」という発想や，死から天国に入るまでの間の時間差は，大半のプロテスタントによって斥けられました．最終的な復活の際に起こるべき「魂」と「体」の結合は，プロテスタントの思想の歴史的な特徴となっています．

　地獄は，最後の審判の後に，救われない者たちが向かう目的地です．改革者たちは地獄を神の義の証しとみなし，そして，神の律法を破り，神への愛と信頼と服従の関係から罪深い人間性を引き裂いた，人間の罪――原罪の結果――に対する正当な裁きの証しとみなしたのでした．地獄は永遠の罰が行われる場です．ある人々は，「地獄では蛆が尽きることも，火が消えることもない」（マルコによる福音書 9:48）と文字どおりに炎（マタイによる福音書 5：22，18：9）に包まれた場所である，と聖書に記されたとおりのイメージを思い描きました．

6

プロテスタントの間で見解が分かれる諸問題

 75. プロテスタントの諸教派の礼拝における相違点は？

　キリスト教の礼拝は三位一体なる神に捧げられます．それは神の栄光への礼拝です．プロテスタント教会の礼拝は，信仰において，またイエス・キリストにおける神の恵み深い愛に対する感謝をもって，神に自分自身を献げることを強調します．礼拝は，信仰者たちの共同体を一つに結集し，集められた会衆の中で，そして人々の心の内で働かれる聖霊の御業です．プロテスタント教会の礼拝は，書かれた神の言葉（聖書）に基づく神の言葉の宣教によって特徴づけられ，生ける御言葉であるイエス・キリストに集中します．

　ルター派の伝統では，聖書の中で命じられている諸種の礼拝要素やはっきりと禁じられてはいない礼拝要素を認めてきました．改革派の伝統では，聖書の中で礼拝要素として示されていることに礼拝を合致させることを強調してきました．中庸的な立場がイングランド教会の「三十九箇条」で取り決められ，そこでは教会には聖書と矛盾しない儀式などを行う権限があり（第20条），その一方で，伝承や儀式は国や時代や慣習などの多様性に即して変わることもありえる，と指摘します（第34条）．再洗礼派の礼拝では，目に見えるキリストの共同体としての教会に焦点が絞られ，教

会員は証しによって世界に聖霊を伝えるべきものとされました．礼拝の様式は会衆の実践から形づくられていきました．

聖書朗読，説教，祈り，そして讃美歌が現行のプロテスタント教会の礼拝の構成要素となっています．それぞれに礼拝において果たすべき固有の役割があります．しかし，各教派でこれらの礼拝要素のそれぞれの形式は多様です．たとえば，プロテスタントの諸教派では，祈りは成文祈祷であるべきか，それとも自由祈祷であるべきか，で意見が異なります．イングランドのピューリタンの人々は『共同祈祷書』の成文祈祷には霊性の深みが欠けており，それらは正当な「祈り」であるというよりも「朗読」である，と考えました．時を経るに従って，多くのプロテスタントの諸教派では祈りに対して両方の立場を認める余地を残しました．

プロテスタント教会の礼拝では，幾世紀をとおして，その文脈やその他の多くの特徴に即して，多様な形式を採用してきました．徹底して第一に重視されたことは，礼拝は神に対する讃美として捧げられるということです．礼拝は，人間の「パフォーマンス」または人間への自己栄化に焦点が絞られてはなりません．

76. 救いは失効することがあるのか？

改革派の伝統を受け継ぐ神学者たちや改革派の教会は，イエス・キリストにおける神の恵みによってひとたび救われた人たちがその救いを失うことなどありえないことを，聖書は教えている，と理解してきました．このことが「究極的な救い」や「聖徒たちの救いの完遂」と呼ばれます．

中世のローマ・カトリック教会は，人々が救いに必要不可欠な教会の秘跡に与り続けたとしても，救いは失われる可能性があり，結果的に，信仰者たちは恵みから堕落することもありえる，と教えました．

宗教改革の時代に，この点がドルトレヒト会議（1618-1619 年）で議

論されました．アルミニウス派の見解は，信仰者たちが，イエス・キリストを信じる信仰にはじめは入信したものの，後で後戻りする，または自らの救いを失う可能性がある，というものでした．

　ジャン・カルヴァンは，選ばれた者たち，またはキリスト教の信徒たちの救いの完遂は神の力の御手の内にあることを強調しました．これがドルトレヒト会議における改革派の立場でした．これは，ある時点で信仰から離脱することもある選ばれた人たちも，神の恵みによって再び信仰に立ち帰らされるだろう，ということです．はじめはキリストに信従しながらも，完全に信仰に背を向けて，そのまま立ち帰ることがない人は，そもそも選ばれた人ではなかったのです．

　選ばれた人たちも罪を犯しますし，信仰は困難のない生活の保証ではありません．しかし，信仰は諸種の困難を経ながらも，なお貫かれていきます．イエスが確証する「わたしは彼らに永遠の命を与える．彼らは決して滅びず，誰も彼らをわたしの手から奪うことはできない」（ヨハネによる福音書 10：28）ということが第一義的なことです．

　選びにおいて，また聖霊の働きによってキリストへの信仰に至らせることにおいて，救いは神の力と主導権に依拠する，と改革派は強調してきました．義認において神が始められたことを，聖化をとおし，栄化に至るまで，神は継続してくださるでしょう．「あなたがたの中で善い業を始められた方が，キリスト・イエスの日までに，その業を成し遂げてくださる」（フィリピの信徒への手紙 1：6）とパウロが書いたとおりです．

77. 改革者たちが聖礼典（サクラメント）として認めたものは？

　ラテン語の「サクラメントゥム」は「誓約」または「誓願」を意味します．歴史的に，ローマ・カトリック教会では，秘跡（サクラメント）は，キリストまたは使徒たちによって信仰者たちに神聖な恵みを伝えるために定め

られた儀式である，と信じられてきました．12世紀以降，ローマ・カトリック教会は七つの秘跡，すなわち洗礼，堅信，悔悛（ゆるし），聖体（主の晩餐），結婚，叙階（司祭への按手），そして臨終の塗油（病人への塗油）を認めました．

　ルターと他の改革者たちは，その数を洗礼と聖餐の二つに縮減しました．それはその二つがキリストによって制定されたものであり，それはすべての人が与れるものだったからです．洗礼をめぐっては，それは幼児に対して執行すべきものか，それとも自らの信仰を告白した成人に対してすべきか，という議論が起きました．主の晩餐をめぐる議論では，聖餐におけるキリストの現臨の本性に関して集中し，それは「真実的 [true]」（カルヴァン）なのか，それとも「実在的 [real]」現臨（ルターとローマ・カトリック教会）か，はたまた「霊的 [spiritual]」かつ「記念的 [memorial]」（ツヴィングリ）なのか，が論じられました．宗教改革期のキリスト者たちは，聖礼典に関する正しい見解こそが本質的なキリスト教の信仰である，とみなしました．

　宗教改革の神学は，内的なまたは目に見えない恵みの外的なしるし（アウグスティヌス）として聖礼典を理解しました．聖礼典が自動的な効果や特典を提供してくれるわけではありません．それらは信仰において授からなければなりません．したがって，それらはキリストを信じる信仰者たちだけに恵みの益となります．

　ルターとアングリカンの伝統では，聖礼典には，(1)しるし，または象徴以外に，(2)神から授かる現実的な恵みが含まれている，と教えました．改革派の伝統では，カルヴァンや他の改革者たちは，聖礼典には，(1)しるし，または象徴，(2)しるしや象徴と一体となって存在する「象徴されていること」，そして，(3)聖礼典の制定語と連携して働かれ，神の恵みをわたしたちの内に証印される聖霊が含まれる，と理解しました．聖礼典はしるしであり，証印です．すべては信仰において授かります．

　聖礼典に関するツヴィングリの見解は，それらは受領する当人の信仰を

公的に証明するものとして機能する記念的なしるしである，というものでした．それらが恵みを伝えるのではなく，人が恵みを思い起こすための助けとなるものであり，もう一方では，それらの受領者たちがこの世界に対し自分たちを信仰の民として証明することでした．再洗礼派においては，聖礼典は恵みを伝えるものではなく，信仰の証拠となる儀式でした．ローマ・カトリック教会のトリエント教会会議では，プロテスタントの見解のすべてが直ちに斥けられました．

78. 改革者たちの洗礼についての見解は？

　再洗礼派以外のプロテスタント諸教派では，洗礼は聖礼典の一つであるという点で一致しており，そして洗礼はイエス・キリストを主であり救い主であるとの信仰を告白する成人だけでなく幼児に対しても適切に執行されるとするローマ・カトリック教会の伝統にも合意します．洗礼が人をキリストの体へ，すなわち教会の共同体に組み入れていきます．

　洗礼の本性をめぐるプロテスタントの合意事項は，洗礼執行の正しい執行に関する合意にまでは至っていません．ルターは洗礼において幼児に「信仰の種」が授けられると確信しました．ルターにとって洗礼は救いに必須なものではありませんでしたし，彼はローマ・カトリック教会の，洗礼を受けずに亡くなった幼児たちの霊たちのための場所をさす「リンボ」（ラテン語で「リンブス・インファントゥム」，すなわち「辺境に置かれた幼児たち」の意）の見解を斥けました．

　ツヴィングリは，聖礼典に関する自らの見解に合わせて，洗礼をキリスト者の共同体への象徴的な参入儀礼とみなしました．カルヴァンも，洗礼をキリスト者の共同体への入り口とみなしました．しかし彼は，洗礼は人の内側で働いている神の恵みの目に見えるしるしである，と確信しました．子どもと共に立つ人々——両親，集められた会衆——の信仰が，聖礼典

を神の恵みが伝わるようにする信仰の応答を代理します．洗礼は，そこで聖霊が働いておられる集められた共同体である教会の聖礼典（サクラメント）でした．

幼児洗礼はカルヴァンとブリンガーによって擁護されました．彼らは幼児洗礼を，旧約聖書におけるイスラエル共同体への加入の証しだった割礼に相当する，神の契約のしるしとみなしました．洗礼は「霊的な割礼」（コロサイの信徒への手紙2：11）です．洗礼において，神の約束は，わたしたちの罪の赦しを確証しながら，わたしたちの内に証印されます．

再洗礼派では，キリストを信じる信仰を公に告白することが洗礼前に行われなければならない，と主張しました．ですから，この信仰告白をすることができない幼児に対してではなく，成人に対してのみ，洗礼は執行されることができました．成人洗礼，または「信仰者への洗礼」は急進的な宗教改革の典型的なめじるしとなりました．16世紀の政治の為政者たちは，この幼児洗礼の拒否を，社会における潜在的な分断の兆候として捉えました．

プロテスタント教会の諸種の洗礼観に対する応答として，トリエント教会会議は七つの秘跡に対するローマ教会の信仰の再確認とともに，洗礼は原罪を赦し，救いに必須である，との見解も改めて宣明しました．

79. なぜ主の晩餐は意見が分かれる論点になるのか？

聖礼典（サクラメント）の本性をめぐる異なる見解は，主の晩餐をめぐる改革者たちの間の不一致という形で最も明白に表出しました．最も際立っていたのが，マールブルク会談（1529年）の結果が明示するとおり，聖餐におけるキリストの現臨の本性をめぐる論点こそが，可能性を秘めたプロテスタント諸派間の一致を妨げる決定的な障壁になった点でした．

これは皮肉的かつ悲劇的です．主の晩餐はイエスによって御自身の共同

体を共に一つに結び合わせるために制定されました．イエスは「すべての人を一つにしてください」（ヨハネによる福音書17：21）と祈っておられました．しかし，「世の罪」（ヨハネによる福音書1：29）ためにイエスが御自身を与えるために備えた晩餐を共に食すことに象徴されるそのキリストにおける一致が，プロテスタントの改革では最も意見が割れる論点となりました．

　主要な改革者たちのそれぞれ異なる見解は，彼らのキリスト論の理解，わけてもイエス・キリストの復活と昇天の後の彼の本性をめぐる理解と無関係ではありませんでした．どのようにしてキリストは主の晩餐に「現臨」できるのか——あるいはできないのか——はイエス・キリストの位格をめぐる確信の表明なのです．

　神学的にプロテスタント諸教派を一つに結びつけたものは，ローマ・カトリック教会の実体変化説の見解への拒否でした．「これはわたしの体である．……これはわたしの血である……」というイエスの言葉はローマ・カトリック教会の神学において文字どおりに解釈されました．司祭がミサでこれらの制定の言葉を口にしたときに，パンとぶどう酒という物素の内的現実が変化します．それらの「実体」が変わってしまったというのです．それらの見た目（偶有性）に外的な変化は何もありません．しかし，それらはキリストの体と血に「成った」というのです．この見解が実体変化説と呼ばれています．司祭は毎回のミサの式典でイエス・キリストの犠牲を再現します．

　主の晩餐において起きていることについて，改革者たちには彼らなりの理解のしかたがありました．しかし，彼らは，実体変化説の教義に提示される物素の物理的な変化は新約聖書に照らして真実ではない，という点で一致しました．主の晩餐の本性を理解することはキリスト教の信仰の鍵となる重要な要素として決定的なことである，と改革者たちが確信したからこそ，彼らは自分たちなりの確信の正しさを強固に主張しました．

80. ルター派は主の晩餐をどのように信じているのか？

ルターは聖餐式（ユーカリスト）をめぐるローマ・カトリック教会の見解を反駁しました．彼の主要な批判の一つは，ローマ・カトリック教会の神学における聖餐の「機械的な」見解，と彼が確信した点に向けられました．そこでは，サクラメントは「エクス・オペレ・オペラート」すなわち「ナサレタ業カラ」の働きが言明されました．秘跡は，司祭によってその順当な様式で行われることではじめて，その効力を得ます．秘跡は致命的な罪の状態にまでは堕ちていないすべての人に恵みをもたらします．

ルターの見解は，（「エクス・オペレ・オペランティス」すなわち「成ス者ノ行為ニヨッテ」）パンとぶどう酒の物素に信仰によって与る時にだけ，聖礼典は効果があるというものでした．聖餐は，その効力を授かるためには信仰において与らなくてはならない，神からの直接的な現示です．

ルターは聖餐において物素の実体が変化するというローマ教会の見解（実態変化説）を斥けました．しかし，ルターは聖餐におけるキリストの身体的な現臨を主張しました．キリストは変化してない物素の中に現臨しています．教会はイエス・キリストにおいて「言は肉となった」（ヨハネによる福音書 1：14）と宣言します．神は人となられました．したがって，聖餐において神はパンとぶどう酒の「中に」そして「下に」宿られると教会は宣明する，とルターは言いました．キリストの真実が聖餐についての真実です．キリストの現臨は現実的で，物素を覆い尽くします．「これはわたしの体である」（マルコによる福音書 14：22）とイエスは言われました．復活し，天に昇られたキリストは遍在します．つまり，キリストはご自身の神性と人性において，いつでも至る所に現れます．このことが主の晩餐の式典のすべてにおいて意味されています．

聖餐におけるキリストの現実的で人格的な現臨は，マールブルク会談で

明らかになったように，ルターとツヴィングリの間での決定的な相違点でした．ルターにとって，聖餐にはイエスによる罪の赦しの約束が含まれています．ある意味において，聖餐は受肉――神がイエス・キリストにおいて人となられたこと――の延長線上にありました．キリストがその物素の「中に，共に，下に」現臨しておられるようにして，神はキリストにおいて聖餐に現臨しました．ルターは，後代のルター派が用いたような用語は用いませんでしたが，この見解はしばしば「共在説」と呼ばれています．聖礼典はキリストの現臨で包まれている，というわけです．

81. ツヴィングリ派は主の晩餐をどのように信じているのか？

聖餐におけるキリストの現臨の論点をめぐるマールブルク会談（1529年）で，ツヴィングリとルターは主の晩餐をめぐる議論で行き詰まっていました．

ツヴィングリにとって，聖餐は神への信仰と信頼の証拠です．それはそもそもパンとぶどう酒におけるキリストの現臨の問題ではないのです．「ユーカリスト（聖餐式）」という用語は「感謝する」という意味です．まさにこのことがツヴィングリにとっての聖餐でした．聖餐は，キリストの死を思い起こし，また宣言するキリスト者の共同体による感謝と喜びなのです．

ツヴィングリは「霊」と「肉」との間には明確な相違があると考えました．ヨハネによる福音書6章は聖餐式の本当の意味を見出すために注視すべき箇所である，と彼は主張しました．イエスは「命を与えるのは"霊"である．肉は何の役にも立たない．わたしがあなたがたに話した言葉は霊であり，命である」（ヨハネによる福音書6：63，さらにヨハネによる福音書3：6の「肉から生まれたものは肉であり，霊から生まれたものは霊である」も合わせて参照）と言われました．これは，ツヴィングリの主張によれば，

地上の可視的な物質世界（「肉」）は，神の霊がもたらす救いの運搬者となることはできないことを意味します．物質的な世界は，それ自体――たとえば，語られる言葉や聖餐における物素など――を超えて，「肉」よりも偉大な救いの現実性へと志向させます．ですから，イエスが御自身の肉を食べ，またご自身の血を飲むことに言及された際に（コリントの信徒への手紙一 11：23-26），イエスは，文字どおりにではなく，象徴的にまたは隠喩的に語っていたに違いない，というのです．これらの言葉はキリストを信じること，または信仰をもつことを象徴します．それらを食することは信じることとなります．「これはわたしの体である」とは「これはわたしの体を示している」という意味なのです．キリストは天に昇られており，地上の聖餐式に身体的に現臨することなどできようがありません．

聖餐におけるキリストの霊的な現臨は，彼を信じて救われた人たちの心の中に生じます．信仰者たちが，キリストにおいて見出される信仰，希望，愛について感得するとき，彼らは感謝をもって喜びます．物素は「しるし」にすぎず，それらは，それらがさし示すもの自体ではないのです．聖礼典が神の恵みを伝えるのではなく，それは神の恵みを記念するものです．このツヴィングリの見解はしばしば「記念説」と呼ばれるのは，聖餐はイエス・キリストにおいて信仰者たちにもたらされた救いの記念である，またはそれを記憶にもたらすものだからです．

 82. カルヴァンの後継者たちは主の晩餐を
どのように信じているのか？

主の晩餐をめぐるカルヴァンの強調点は，イエスが「これは，あなたがたのためのわたしの体である」（コリントの信徒への手紙一 11：24）と言われたときの，この「あなたがたのための」にありました．彼は，主の晩餐の物素とキリストとの関係に焦点を絞るよりも，聖霊の力による信仰者たちとキリストとの霊的な一体性を強調しました．

6. プロテスタントの間で見解が分かれる諸問題　*143*

　カルヴァンは，ツヴィングリとは対照的に，聖礼典におけるしるしはそれらが象徴する現実性を伝える，と確信しました．ルターは実態変化説を斥けてはいるものの，物素を包み込むキリストの現臨に言及することで外的なしるしをあまりにも重く強調しすぎている，とカルヴァンは考えました．この点に関して，カルヴァンの見解はしばしば，他の2人の改革者たち（ルターとツヴィングリ）の間の中間地点，またはその中庸とみなされます．

　ツヴィングリと同様に，昇天したキリストは天上で「神の右に座し」ておられる，とカルヴァンも確信しました．そのため，キリストはすべての教会で行われる主の晩餐の式典のすべてに「現地的に現臨する」ことはありません．むしろ，カルヴァンの強調点は，キリストは信仰者のための聖餐に，たとえそれがどこで行われようとも，霊的に現臨するということです．これは，キリストが約束してくださった恩恵を，また救いにおいてももたらされた恩恵を信仰者たちに供与してくださる聖霊の働きによって起こります（この見解はしばしば，キリストの死の恩恵ないし「効力」が通用される「効力主義（効果説）」とも呼ばれます）．聖餐は秘義です．なぜなら，聖書の約束の証言から離れては，どのようにしてキリストの恩恵が信仰者たちに伝えられるのかを，わたしたちは見ることも，理解することも，説明することもできないからです．わたしたちは，ただただ褒めたたえつつ，驚嘆するほかありません．キリストがもたらす愛と救いを宣べ伝えつつ，信仰者たちは主の晩餐において信仰によってキリストと一つに結び合わされ，そして「これはあなたがたのためのわたしの体である」（コリントの信徒への手紙一 11：24，［強調は著者］）との永遠の命のためのキリストの犠牲によって養われながら，その教会の共同体の中にキリストは真実に現臨されます．

　したがって，聖餐および聖礼典は信仰者たちの信仰を，保持し，養育し，堅固にし，増強します．聖霊は，天上にあって「すべてのことを」満たしておられる（エフェソの信徒への手紙 4：10）昇天のキリストの現臨のも

とまで、わたしたちの心を高く引き上げてくださいます。神の言葉が宣べ伝えられるときに、神の霊は働いています。神は、信仰をとおして「わたしたちのための」キリストの救いの御業の恩恵にわたしたちが与るその手段として、パンとぶどう酒というごくありふれた物素を用いられます。聖餐という「霊的な祝宴」は（神に選ばれた人たちへの）聖霊の賜物である信仰をもつ人たちにとってのみ効果があります。信仰者たちの内側では信仰は揺らぎます。聖餐は、病める人たちへの薬であり、罪人への希望であり、キリスト者の人生にとっての霊的な糧です。イエス・キリストは自らを与えてくださる聖餐の主催者です。聖餐において、信仰者たちは、信仰をとおして、聖霊の力によって、キリストの御業のしるし、またその証印に与ります。

83. 再洗礼派は主の晩餐をどのように信じているのか？

　再洗礼派の人々は、聖礼典に関するツヴィングリの見解を採用し、またそれゆえに、主の晩餐におけるキリストの身体的な現臨を斥けました。天に昇り栄光を帰せられたキリストはこの世を裁くために再臨するまで「神の右に座し」ておられる、と彼らは確信しました。

　再洗礼派の人々は、イエスと弟子たちとの最後の晩餐をイエスによって約束された、来るべきメシア的な祝宴（ルカによる福音書13：29の「神の国での宴会」）を先取りするもの、と規定しました。聖餐は、ツヴィングリが強調したように、しるしや記念としての役目をします。聖餐は、御自身の恵みの御国である将来のキリストの御国のしるしとして、十字架上でのキリストの救いの死を回想しました。聖餐は、神の恵みの業として、十字架の上で明らかにされ、そして日々のキリストの弟子たちの生活の中で明らかにされた、わたしたちへの神の愛の証し、または証拠でした。この愛は、聖餐に与り、自らの弟子性においてよりいっそう誠実になること

を決意しながら，自らの信仰を新たにする信仰者たちの内で生きて働いています．最も重要なことは信仰者たちの経験の中で生じることです．喜びや平安が心に満ち溢れ，その讃美や感謝が神に捧げられます．この強調点は，ルターがしたような神学的に詳述されたキリストの現臨にではなく，聖餐に与る人たちの経験の中で具体的に生じることに重点が置かれます．

　主の晩餐の倫理的な次元も再洗礼派の観点の一つでした．聖餐はキリスト者たちの一致と愛と平和の絆でした．聖餐に与る者たちは，互いに救し合うために，そして仲間のキリスト者たちを諫め合い，勧告する働きを担うために，喧嘩や争いごとを退けなければなりません．彼らの自己否定の究極的な献身は，自らの信仰ゆえに死ねる心構えをすることでした．これらは，聖餐において象徴されている，キリストの体と血の交わり（コミュニオン，交わりや分かち合いを意味するギリシア語「コイノーニア」）から立証されることでした．

　ある再洗礼派のグループではイエスの命令に従って洗足（ヨハネによる福音書13：14）の儀式も実施されました．これは，キリストによる清めを象徴するとともに，聖餐が信仰者たちに要求する真の謙遜を確立するものでした．

84. イングランド教会は主の晩餐をどのように信じているのか？

　イングランド教会の人々は信仰の「三十九箇条」に即して指導されています．これらはトーマス・クランマーの影響を反映し，また礼拝の進め方を導く『共同祈祷書』と関連づけて理解されています．

　主の晩餐をめぐるクランマーの見解は，彼の著作の中には「ツヴィングリ的」な理解や他にもルターの線により近い観点を支持する部分もあり，論争の的になりました．クランマーは，聖餐について，パンの中にではなく天上におられるキリストの体そのものによる自己犠牲の記念であると言

146　第2部　神学

及しました．しかし同時に，キリストは現実的に現臨し，それは真実の現臨です．聖餐の目的は昇天されたキリストがご自分の民に糧を与え，養育するためのものとされます．

「三十九箇条」は，聖書に矛盾するとの理由から，実体変化説を斥けました．「三十九箇条」は，主の晩餐におけるキリストの体は（ルターが主張したような，現地的に現存するしかたではなく），天上的かつ霊的なしかたに即して，与えられ，受け取られ，そして食されます．このようにして，聖餐においてキリストの体に与り，かつ食されるその手段こそ信仰なのです．

三十九箇条は，どのようにしてキリストが聖餐に現臨しているかについて説明しようとはしていません．キリストの現臨の様式は，十分にその全容を定義することができない秘義です．エリザベスの治世下で公布された『共同祈祷書』の改訂版（1559年）では，先行する二つの祈祷書（1549年版と1552年版）を合わせました．聖餐式でパンを配餐する際の司祭の言葉を「あなたがたのために与えられた，わたしたちの主イエス・キリストの体が，永遠の命にいたるまであなたがたの体と魂を守ってくださいます．キリストがあなたがたのために死んでくださったことを記念しつつ，これを取り，これを食しなさい．信仰によって，感謝を込めて，あなたがたの心の内で彼を味わいなさい」と変えました．ここでは，キリストの御業を記念するためにパンを取るよう信仰者たちを促すとともに，パンとキリストの体との同一視がそれに続いてきます．

1597年までには，主の晩餐の聖礼典がもたらす，キリストの体と血の中へキリストとキリスト者のいのちが現実的に参入することをめぐっては，イングランド教会内に広範な合意がある，とリチャード・フッカーは指摘しました．イングランド教会の神学は，宗教改革の論争の中のまさに「中道」という印象を与えます．

85. 教会政治の主要な形態は？

宗教改革の諸教会はさまざまに異なる教会政治形態, あるいは教会統治構造を確立しました.

監督制度（エピスコパル）

　　ローマ・カトリック教会は教会政治に関しては監督制度を実施します. 監督（エピスコパル）という用語は「監督者」を意味するギリシア語「エピスコポス」に由来し, ラテン語では「エピスコプス」で「司教」を意味します. 司教たちが教会を治めるうえで中心的な役割を担います. ローマ教会の制度では, ローマの司教（教皇）が司教団の頂点に立ちます. 東方正教会も監督政治を敷きます. 宗教改革の諸教会の中では, イングランド教会およびアングリカンの教会が監督政治を実施し, 助祭, 司祭, 司教から成る三つの段階的な職制を敷きます. この位階的なモデルでは「上司」から「成員たち」へと指令が下達されてきます.

長老制度（プレスビテリアン）

　　多くの改革派の教会では長老制度の政治を実施します.「プレスビテリアン」という用語は「年長者」を意味するギリシア語「プレスビュテロス」に由来します. 改革派の教会および, 呼び方もそのままの長老教会では, 教会が長老たちによって治められる政治を実施します. 各個教会では, 長老会（小会）が「長老」と呼ばれる信徒たちによって構成されます. 幾つかの長老教会では「宣教長老」（牧師）と「治会長老」（信徒）と呼びます. 1550年代のフランスの改革派教会では, 各個教会は長老会（小会）によって治められ, 地域の総会, すなわちプレスビテリー（しばしば「クラシス」とも呼ばれる）はその地域の各個教会の長老会から代表された牧師と長老たちで治められま

した．各プレスビテリーからの代表者たちの一団が地方総会（シノッド）を形成しました．そして教会全体総会（ジェネラル・アッセンブリー）が全国の教会からの代表者たちで形成されます．

会衆制度（コングリゲーショナル）

再洗礼派の諸教会では，教会が設立されるに至った際には，各個教会が教会の第一義的な意思表明となる会衆制度の政治形態を実施しました．各個教会がその教会の牧師たちとともに，各自の指導権をもつことになるのです．しかし，この様式では，各個教会がその教会の教義と実践に，決定権を行使することになります．

いくつかの改革派の教会では，会衆制度の政治形態を実施しています．さまざまなルター派の教会ではそれぞれ異なる政治形態を採用しました．多くの教会には司教たちがおり，幾つかの教会には「監督者（superintendent）」と呼ばれる地域巡回者たちがいます（ギリシア語エピスコポスには同じように監督する役割があった）．あるルター派の教会では修正した会衆制度の政治を敷いています．

すべての教会政治の目的は，どの教会も神に栄光を帰すしかたで，自分たちのつとめ（ミニストリー）を実行できるようにすることです．

86. 改革者たちは教会と国家について どのように信じていたのか？

宗教改革は，この世の権威と教会的な権威との間の関係や，その固有な権限の領域に関して，数多くの問いかけをもたらしました．

ルターの「二王国論」の教理では，神の国と地上の国の二つの王国を区別しました．神の国においてはイエスの福音と命令をとおして，そして地上の国においては世俗の為政者たちをとおして，神がいずれの王国も治めます．為政者たちは悪事を働く人々を罰し，そして社会的安寧を維持するために存在します．神の国は福音を宣べ伝え，そして人間の心の内に神の

支配を確立します．キリスト者は世俗の権威に従属します．しかし，服従は，不正な為政者に対しては義務ではありません．キリスト者たちは不正を訴えることがありますが，力で権威に抵抗することはしません．

ツヴィングリは，チューリヒにおける世俗社会と教会共同体との間の線引きは柔軟であるべきと主張し続けました．彼と彼の後継者であるブリンガーは，「二王国論」の代わりに「単一領域」の立場を採りました．彼らにとっては，キリスト教化された都市がキリスト者の共同体でした．神の道徳律は，すべての人にとっての神の意思であるとともに，社会の法律の基礎を形作りました．ツヴィングリは，新約聖書の長老たちは，彼の同時代におけるキリスト者である為政者たちに相当する，と確信しました．したがって，キリスト教化された都市においては市議会が，世俗の共同体とともに教会も公正に治めました．破門の審議は市議会に委ねられ，明白な罪人たちに対してだけに行使されるべきものでした．

ジュネーヴのカルヴァンは，市における統治する主体（議会）と教会に関しては，それぞれ別の主体であることを保持しようとしました．双方の義務は，通常は重複することはありませんでした．教会と国家は，あいまって，正義と憐れみの働き，つまり貧しい人々の必要が満たされ，平和が維持される，などが実行される社会を確立すべきことになります．教会規律は教会の共同体によって実施されます．

改革派の支持者たちは，しばしば（オランダ，フランス，イングランドでは）「革命的」との烙印を押されました．カルヴァンの神学は「より低層の為政者たち」による抵抗を認めました．これが後の支持者たちによって拡張され，さらに実行的な抵抗の可能性を開くことになり，ある人々にとっては，イングランド市民戦争がその格好の例ですが，政治的革命への扉を開きました．

再洗礼派は，イエスの山上の説教に傾注し，そしてキリスト者たちは世俗の政治に参与すべきではない，と確信しました．彼らはこの世の王国とキリストの弟子として生きることの間に鋭い断絶があると理解しました．

キリスト者の立場は平和主義であるべきものとされました.

　教会と国家をめぐる論点は，あらゆる社会に伏在する論点であり続けています.

第 3 部

遺産

7

宗教改革の遺産

 87. 宗教改革は社会倫理にどのような貢献をしたのか？

　キリスト教の社会倫理にとっての基本中の基本は，律法の「第二の石板」（十戒の後半第六から第十の戒め）と，「自分自身を愛するように，あなたの隣人を愛しなさい」（マルコによる福音書 12：31, レビ記 19：18 参照）とご自分に従う人たちに強く勧めたイエスの命令をめぐる改革者たちの強調点から現れ出てきました．これはキリスト教の倫理と行動を集約する聖書的な根拠となります．それは，キリスト者たちが主張すべきこと，またはすべきことにとっての第一義的な動機として，また，イエスの教えや倫理がキリスト者のさまざまな関係や活動において明らかにされるしかたとして，愛を確立しました．プロテスタントの神学者たちはローマ・カトリック教会におけるキリスト教倫理の根本的な基礎の一部としての「自然法」の適用について批判的でした．

　キリスト教の共同体はイエス・キリストにおける神の恵みに基づくキリスト教的な愛において活動します．――正義に即し，正義を伴うべき――この愛は，恵みの結果です．善い働きは信仰義認に従ってくるというルターの基本的な信仰では，善い働きは他者のために，とりわけ困窮にあえぐ人たちのために実行されることになります．カルヴァンは，自分た

ちの隣人を愛しなさいという命令はすべての人を愛することを意味する，と強調しました．律法主義者の質問「では，わたしの隣人とはだれですか？」（ルカによる福音書10：29）に対するイエスの答えは「だれでもです！」ということです．「隣人」とは自分たちの身近にいる人に限定されません．「隣人」はすべての人を包含するにまで及びます．なぜなら，すべての人が神の像に創造されている（創世記1：26─27）からです．

　宗教改革のもとにある諸都市の社会倫理的な関心事は，貧者の救済への配慮に見いだされました．多くのプロテスタント諸派にとって，市民の福祉を追求する政治的機構の中に参与することは，社会的な枠組みの中での他者への愛を表現する手段でした．

　宗教改革の伝統の中のある神学者たちは，倫理的な諸問題を提示し，そして聖書の神学的理解に基づいてその答えを見出そうとする「良心の内実」の中に，倫理的な論点を探求しました．

　広い意味で，社会的倫理は ── すべての倫理的な思想や行為も同様に ── 教会の神学の具現であり，またパウロが「愛の実践を伴う信仰」（ガラテヤの信徒への手紙5：6，ヤコブの手紙2：14，22─23も参照）と述べているとおりです．

88．社会福祉と宗教改革との関係は？

　他者への愛と奉仕という善い働きにおいて証しされるキリスト教の信仰は，宗教改革の時代には個々人の配慮（ケア）の活動において起こりました．それらは，また諸都市の人々のグループの福利に益することで，他者に仕えるための幅広い取り組みも引き起こしました．

　宗教改革以前では，貧しい人々への支援は，避難所はもちろん，（食事や硬貨など）施しの手を差し出す諸種の施設によって提供されました．大聖堂や各地域の教会は困窮に喘ぐ人々に施しや炊き出しを配給しました．

プロテスタントの人々が政治的な権威を握り，そして「プロテスタントになった」際に，貧者へのケアや共同体の社会的な福利は「世俗の」政治家たちによって，通常は市議会によって実施されました．この社会的な福利は，政治家たちが自らの政治信念を表明しようと努めたことから，政治活動の一部とみなされました．政治家たちは貧困からの救助を中心的な課題とし，数々の小規模な活動団体よりも，もっと効果的にこの課題を推し進めることができました．配慮（ケア）という分野で創設されたものには，病院，炊き出し所，学校，孤児院，避難所などがありました．ローマ・カトリックの諸都市では，政治家たちは「実践的な」役割ではなく，より監督的な役割を担いました．

ジュネーヴでは，執事は四つの教会の職務（牧師，教師，長老，執事）の一つである，とカルヴァンは明示しました．執事たちは貧しい人々や身体的に不自由な人たちを配慮する責任が課せられました．彼らの二つの役目は，慈善事業を実施することと，困窮に喘ぐ人たち一人ひとりに配慮することでした．「ブース・フランセーズ」すなわち，貧しい外国人たちのためのフランス人による基金は，カルヴァンの時代にジュネーヴに来た何百人ものプロテスタント亡命者たちのためのものでした．カルヴァンはジュネーヴ市の権力者たちと共に，慈善事業のための組織的機構を設立するために働きました．これが，神学研修会，長老会，牧師会と共に，ジュネーヴの基本的な組織になりました．

貧しい人々に施しを与えることは罪に対する刑罰の赦免に勘定され，そうしなければ煉獄で清められることが必要になる，とのローマ・カトリック教会の見解とは対照的に，プロテスタントの人々は，慈善活動は神の愛と自らの隣人への応答として現されることを強調しました．

89. 現代科学と宗教改革の関係は？

　現代科学の興りは，一般的に，17世紀のヨーロッパで始まったと理解されています．この現代科学の興りは，教会改革が，科学を含め人間の生活と思想など他の諸局面の改革にも波及的な影響をもたらしたとみなすことができる，16世紀の宗教改革の喧騒の時代に継起しました．

　このため，プロテスタンティズムが現代科学の出現にどれ程の衝撃をもたらしたのかについて思考されるようになりました．プロテスタンティズムの教義と実践がどの程度まで今日のわたしたちが「科学」とよぶ一連の諸学問を横断して，科学的な探究の発展を促したのでしょうか？ これらの問いに対して提案される答えは，どれも複雑かつ微妙です．

　これらの問いをめぐって学者たちによって探求された諸々の所見には，プロテスタンティズムの要素が幾つも含まれています．それらは，(1)あらゆる観点から世界についての理解を高めることを含め，神の栄光のために働くように，とのキリスト者の召命を強調する，プロテスタントの労働倫理，(2)神による選択の表出としての自然，またそれゆえの「自然法」および「自然の諸法則」を経験的に観察する要求，(3)罪の影響によって，人間には自然がいかに機能し続けているのかをはっきりと理解することができない，という人間性をめぐるプロテスタントの諸種の見解，またそれゆえに，実験をする必要性があり，自然に対して経験的なアプローチが必要であること，(4)改革者たちによって強調された聖書の文字どおりの意味，またそれは後にフランシス・ベーコンや英国王立協会に属する他の科学者たちを，科学的動機として「最初の人間」や他の諸々の起源の探究へと駆り立てたこと，(5)「自然神学」を「啓示神学」と関連づける――つまり，自然の中で認められ，啓示された神を，聖書とイエス・キリストにおける神の啓示と対照する――試みを代表する物理神学，などです．聖書にお

ける神の啓示に対する宗教改革の強調は，神の知恵と力を発見するために自然また自然世界を検証し，研究する自由をも意味しえます．

こうした初期の形成段階での影響は，現代科学の発展の中で，今やそれぞれ異なる進化的な形をまとっています．幾つかの点で，プロテスタンティズムの諸集団に属する人々，特に原理主義者の集団では，科学は信仰と対立するとみなされました．他の人たちにとっては，科学と神学は，神とわたしたちを取り巻く世界をめぐるより全体的な見解を展望していくうえで，相互補完的な取り組みとして理解されています．

90．資本主義と宗教改革の関係は？

資本主義は，政治的介入によって妨げられない，あるいは，政治的介入に屈しない，経済の健全化に最善を尽くす，市場での自由な物品の流通を促進する経済理論です．個人経営者や各企業が市場で競争しながら，最大の利益が得られる人というのは，自らの生産費用を最小限に抑えつつ，自己の利益を最大限にしようとする人たちです．

プロテスタンティズムと資本主義との関連性はドイツの知識人マックス・ウェバー（1864-1920年）による名著の主題となりました．ウェバーは『プロテスタンティズムの倫理と資本主義の精神』（1905年）の中で，カルヴァン的なプロテスタンティズムに起因する価値観が資本主義によって営まれる世界を形成した，と論じました．プロテスタントの人々は，自らの選び（救い）の確証を得るために，労働倫理——ウェバーの言うところの，労働は労働のためにこそ行われるとみなす「禁欲的プロテスタンティズム」——を展開しました．成功を収めた時には，「資本主義者の精神」が展開されたのであり，そして成功した当人は神の目的を遂行している人物であることの証拠を得，こうして，その人は選びの確証を獲得したことになります．ウェバーに言わせれば，これが原動力となり，西欧世界を変

えることを督励しました．

　歴史家や他の評論家たちは，ウェバーの理論はあまりにも単純化しすぎており，他の重要な諸要因，たとえばカルヴィニストの要因と同様に，ローマ・カトリックも中世以降の社会でよく繁栄した要因，等について全く考慮に入れていない，と主張しました．さらに，カルヴァン自身も，貧しい人たちの軽視につながる利益の追求には懐疑的でした．

　ウェバーの理論に関するプロテスタントの神学的な観点からすれば，神が支配者であり，すべてのものの主であるということです．したがって，すべての経済の制度も，人間の動機も欲望も，神の審判のもとに置かれています．人が無批判的に何らかの人間的な理論や手法に委ね，それがすべてを包括するような結果に至った時には，偶像崇拝がその末路です．偶像崇拝は神の主権を否定します．すなわち，それは自分自身の意志や計画を，神の意思に委ねることなく，絶えず追い求めるように人を駆り立てるからです．

91. ルターの後継者はどんな人たちか？

　マルティン・ルターの後継者たちはルター派の諸教会を設立しました．これらが，今日において世界中に設立されているルター派の諸教団の一家へと繋がりました．

　ルター派の諸教会の交わりであるルター派世界連盟（LWF）には，世界中で98か国の7千2百万人以上の信徒を擁します．その連盟において結束した加盟教会は，教会のいのちの源泉かつ規範である聖書の正しい解説となるべく熟慮された，ルター派の歴史に由来する歴史的な諸文書に基づく，連盟の教義の規準に同意署名しています．合衆国では，ミズーリ州地方大会とそれに連携する幾つかのルター派教会は，ルター派世界連盟に加盟していません．

ルター派の教会はルターの教えと，ルターの主要な同僚だったフィリップ・メランヒトンの働きへの忠誠を保っています．ルターの死後すぐに，およそ1580年から1700年までの告白主義と正統主義の時代が，ルター派の神学を特徴づけました．マティアス・フラキウス（1520－1575年），マルティン・ケムニッツ（1522－1586年），ヨハン・ゲルハルト（1582－1637年），ヨハネス・アンドレーエ・クエンステッド（1617－1688年）他，ルター派の神学者たちは詳細な神学的な著作を刊行しました．彼ら神学者たちは，さらに展開させたルターの神学を鮮明に打ち出すとともに，特にトリエント教会会議におけるローマ・カトリック教会の神学に批判的でした．そしてルターが愛した讃美歌の伝統もさることながら，敬虔豊かな信仰的文学がこの時代に展開し続けました．ルター派の正統主義の時代はさらに，ルター派の諸種の教理問答書の登場によっても特徴づけられました．

ロイエンベルク合意書（1973年）では，主の晩餐をめぐるルター派と改革派の間の歴史上の不一致はドイツ国内の教会ではもはや教会間相互の交わりを妨げる十分な理由とはみなさないことを謳う，改革派の諸教会との合同宣言を表明しました．ルター派世界連盟はさらに，相互の義認の教理をめぐる歴史的な非難合戦をもはや支持しないとする点で，ローマ・カトリック教会とも合意するに至りました．これは『義認の教理についての共同宣言』およびその「付加」（1999年）で宣明されました．ルター派の後継者たちは，20世紀と21世紀において，より広いエキュメニカル運動に重要な貢献を果たしています．

 92. **ツヴィングリやカルヴァンの後継者たちとは？**

自分たちの教会的な起源を宗教改革時代のツヴィングリやカルヴァンに遡る，改革派の神学的伝統の中にある諸教会は，今日において世界中に存続しています．世界規模の組織である世界改革派教会共同体（WCRC）

が 2010 年に，世界改革派教会連盟（ＷＡＲＣ）の後継として創設されました．これは会衆派，長老派，改革派，（United と Uniting を含む）合同教会，ワルド派教会の共同体（ギリシア語でコイノーニア）です．100 を超える国々から 225 の加盟教団が，およそ 8 千万ものキリスト者を擁して，世界改革派教会共同体に属しています．

　ジュネーヴのカルヴァンの後継者テオドール・ベーズ（1519－1605 年），そしてチューリヒのツヴィングリの後継者ハインリッヒ・ブリンガー（1504－1575 年）が改革派の神学を発展させました．ルター派の神学における発展と並行して，16 世紀後半から 18 世紀にかけて正統主義またはスコラ主義の時代へと展開してきました．ベーズを含め，ジローラモ・ザンキ（1516－1590 年），アマンダス・ポラヌス（1561－1610 年），フランシス・トゥレッティン（1623－1687 年）他，数多くの神学者たちの著作が，それを特徴づけました．彼らの関心事はその時代のスコラ化したルター派の神学者たちに対して応答することはもちろん，ローマ・カトリック教会に対してより詳細に整理した神学的な応答を発展させることでした．

　諸教会における改革派の伝統は，改革派教会が設立されたさまざまな地域でおのおの作成された数多くの信仰告白文書によって特徴づけられます．それらには，ローザンヌ提題（1536 年），フランス信仰告白（1559 年），スコットランド信仰告白（1560 年），ベルギー信仰告白（1561 年），ハイデルベルク教理問答（1563 年），第二スイス信仰告白（1566 年），そしてウェストミンスター信仰告白（1647 年）などがありました．信仰の告白へと向かわせる改革派の立場は，教会の伝統の中に深く根付いており，聖霊の導きと神の言葉によって「さらに改革され」続けるために開かれていることをも示しています．これは非公式的な改革派のモットー「神の言葉によって，教会は改革され，常に改革され続けていく」によって表掲されています．改革派の流儀においてキリスト教の信仰を告白させる改革派の促進力は，しばしば新しい信仰告白の諸文書が登場することによって，いま現在も続いています．

改革派の諸教会は，聖公会，ルター派，ペンテコステ派，そしてローマ・カトリック教会などを含め，世界中にある他の多くのキリスト教の諸教団とのエキュメニカルな協議に参加してきました．世界改革派教会共同体では，正義，指導力，発展，伝道，そして神学をめぐって，その働きを組織化しています．

93. イングランド教会の後継者たちとは？

イングランド宗教改革を経て設立されたイングランド教会は今日も存続しています．「アングリカニズム」とは，世界中で165か国を超えて，内38か国では国教会または領邦教会として存続する，イングランド教会に係わる諸教会に用いられる用語です．これらが8千5百万のキリスト者を擁するアングリカン（聖公会）の交わりを構成します．彼らは司教の権威の中枢であるカンタベリー大司教との交わりの中に位置づけられることで一つに結び合わされています．幾つかの地域では，これらの教会は「エピスコパル教会」と呼ばれています．

アングリカンの諸教会は，一方でローマ・カトリック教会と東方正教会，他方でプロテスタント教会という双方の間に橋を架ける教会として自認してきました．アングリカン教会は，信仰をとおしての恵みによる救いを含め，プロテスタントの改革の主要な教理を保持してきました．しかし，歴史的には，初期のイングランド宗教改革は「新しい」教会を設立しようとしたのではなく，使徒たちの時代に遡るキリストの教会へと改革しようとしていたため，イングランド教会は教会の普公性（カソリシティ）を保持していると自らをみなしてきました．このような点からして，古代の三段階の職制——執事，司祭，司教——といった要素が，教会政治における司教制度の形態に即して保持され，そして祭服や，十字架のシンボルの使用，その他の要素の使用など，伝統的な象徴祭具が礼拝で用いられました．

教会は三十九箇条を信奉しますが，ルター派や改革派の伝統も同調する多様な信仰宣明文を用いることで，強制的な意味での信仰告白的な主体性はありません．歴史的に，アングリカンの教会の交わりの中には幅広い寛容があります．

『共同祈祷書』がアングリカンの交わりを一つに結ぶ礼拝の源泉であり続けています．今日のアングリカン教会の礼拝式文は，『共同祈祷書』によって，そしてまた21世紀の礼拝改革運動の諸要素によって形作られています．アングリカン教会の交わりは他の教派的伝統の教会とのエキュメニカルな対話に参画し続けています．

94. 再洗礼派の後継者たちとは？

宗教改革時代の再洗礼派は，ルターやツヴィングリ，ブツァー，カルヴァンによって提唱された改革を超えていきたいと考えました．特徴的なのは，彼らはローマ・カトリック教会や他の宗教改革を起こした諸教派で執行されていた幼児洗礼の実施を斥けました．洗礼は，成人によるイエス・キリストを信じる信仰の告白のもとに行われるべきである，との立場を彼らは守りました．

再洗礼派の運動は均一ではありませんでした．再洗礼派は三つの主要なグループ，すなわちスイス・ドイツ南部派，モラヴィアのフッター派，そしてオランダ・北西ドイツのメノナイト派に分かれていました．これらのグループは，この順番のとおりに，再洗礼派の展開についてのおおよその時系列的な次第となっています．16世紀末までには，諸々のグループはメノー・シモンズの教えのもとで統合されていました．その例外は，キリスト者の共同体はすべての財産を共有すべきであると強く提唱したヤコブ・フッター（1500-1536年）の後継者たちであるフッター派でした．

今日，大陸の再洗礼派の末裔として，メノナイト兄弟団，アーミッシュ，

フッター派，モラヴィア兄弟団など，幾つかの教団が認められます．バプテストの諸教団は，急進的な宗教改革の伝統との「近親性」において（成人の）信仰者への洗礼をめぐる再洗礼派の主張を共有しています．

現代の再洗礼派の人々は，キリスト者の弟子性をめぐる改革初期の強調や，日々の生活の中でキリストの主権を力強く証すること，を守っています．教会は弟子（disciple：ディサイプル）たちが結集した共同体であり，教会の規律（discipline：ディシプリン）はキリスト者の共同体の重要なしるしです．再洗礼派は，教会と世界との間に明確な境界線を敷きます．アーミッシュやフッター派のような幾つかの教団でははじめの頃から，自分たちが「世界」とは別世界にいることを示す目に見えるしるしとして，服装に関する独特な慣習を守り続けてきました．

再洗礼派は，イエスにおける愛と非暴力の重視を守ります．これが，この世界に存在し続け，そして争い事を解決するうえで，キリスト教的に相応しい手段として，平和主義の提唱へと解釈されていきます．再洗礼派の人々は，教会と国家との区別とともに，信教の自由や良心の自由を強調します．彼らは，共同体の中で，またキリスト者の生活の中で神の力と導きに気づかせる働きを担う聖霊も強調します．

95. 宗教改革は今日を生きるわたしたちにとってどんな意義があるのか？

プロテスタントの改革から500年後を迎えた観点から，「なぜ宗教改革が重要なのか，これからも重要であり続けるのか？」とわたしたちは思いをめぐらせます．

これらの問いにはさまざまな答えが返ってきます．ある人々にとって，宗教改革の時代は，人々が宗教をめぐって「興奮」し，そして「当時は流行した」ものの今となっては安心して歴史のゴミ箱に捨てることのできる類の諸種の思想や実践が始動した，興味深い歴史の一時期です．

しかし，他の人々にとって，プロテスタントの改革における刺激的な諸種の論点は重要性を保ち続けています．改革者たちによる聖書的かつ神学的な諸種の考察には，今現在のキリスト教の信仰への理解を進化させていくうえで有益であることがわかります．改革者たちは，教会に根差したキリスト者の生き方の手引きを提供するとともに，この世界でイエス・キリストの誠実な追従者でありたいと望む人たちを養成します．宗教改革の時代から誕生した各教会は，キリスト教の考え方において，また何百万もの信仰の民の経験において，中心的な地位を守り続けています．

これらの人々にとって，宗教改革は今日において意味をもっています．その諸々の教えは，たとえ500年前とは環境や文化が大きく異なってはいても，キリスト者として生き続ける道筋の手引きとなります．わたしたちは，改革者たちに過誤や視野狭窄などを認めつつ，彼らの数多くの限界も看取することができます．しかしまた，わたしたちは自らのキリスト教信仰のための支援を得て，彼らの神学的な理解力や構想の土台の上に，感謝をもって築き上げることもできます．宗教改革の教会の伝統の中にいる人たちはその伝統の価値を正当に評価します．彼らはキリスト者としての自分自身の生活と証しをとおして，その伝統を推進しつつあります．こうして，宗教改革は絶えざる信仰の深化を生じさせています．

20世紀の特徴は，諸教会の間でエキュメニカルな関係が成長したことでした．ローマ・カトリック教会とプロテスタントの諸教会は神学的な数々の対話を行ってきました．これらが過去を帳消しにすることも，あるいはすべての教会を一つの全体教会団体に統合する方向へ向かうこともありませんでした．しかし，そうした対話は，プロテスタント諸教会とローマ・カトリック教会との間で，またプロテスタント諸教派相互の間で，長らく存続してきた頑迷な偏見を打ち破ることに貢献しました．それらは地域レベルや各個教会レベルで，教会間のエキュメニカルな関係に拍車をかけました．こうして築かれた関係は，キリスト者たちが共通性を見出すのに役立ちました．5世紀前の宗教改革が原因で神学的には一致しないであろう

キリスト者たちであっても,「教会の,その体の頭」(コロサイの信徒への手紙1：18)であるイエス・キリストへ,そして「すべてのものの主」(使徒言行録10：36)であるキリストへの共同の礼拝においては,共に働くことができることを,彼らは証明しました.

　教会の文脈を超えて,プロテスタントの改革は,人類の歴史と特に西洋文化に,明確に影響を及ぼしました.宗教改革が重要な役割を担った数多くの舞台が認められています.すべての歴史家が,これらの領域での宗教改革に内包する意義について認めるわけではありませんが,幾つかの重要な局面については言及することができます.

経済面

　ドイツの社会学者マックス・ウェバーによる,論争を引き起こした書物『プロテスタンティズムの倫理と資本主義の精神』(1905年)は,(特にカルヴィニストの潮流における)プロテスタントの倫理が,世俗の世界でキリスト者としての自らの召命を遂行するために,またそうすることで与えられる富を積むために,一所懸命に働くよう人々を鼓舞した,と提起しました.このことが資本主義の発展に拍車をかけた,と彼は論じました.さらには,あるプロテスタントの人々が,自らの選びのしるし,または神から好意を得ているしるしとして,自分たちの投機的な事業の成功に目を向けた,と論じられました.西欧的な資本主義は,スイスやイングランド,アメリカ合衆国といったプロテスタントが優勢な国々で栄えました.ウェバーの理論は数多くの理由から批判されてきましたが,西欧的な経済の台頭に影響を及ぼした宗教改革の思想や実践の衝撃力をめぐって議論するうえで,感化を及ぼしてきました.

政治面

　ある学者たちは,信教の自由および自由権を求める運動を育くんだプロテスタントの思想の影響力について議論してきました.再洗礼派は,教会と国家との明確な分離を求めつつ,宗教上の事柄に関するすべての面で,政治的な介入を斥けました.霊的な自由についてのルターのメッセージか

らして，国家は個人に介入せずに信仰をもつ権利を支持すべきである，との信念が引き起こされました．カルヴァンは国家の支配から自由であるべき教会の権利を強調しました．カルヴァンの思想はさらに，神が彼らに備えた制限を逸脱した為政者たち，または暴政を望まない神の意思を遂行できない為政者たちへの抵抗権の見解ももたらしました．宗教改革は，伝統的な君主制を超えて，権限を分かち合い，政治に参加する，という議会制政治による国家統治の成長を促しました．西欧的で自由な民主主義の招来となりました．

社会面

プロテスタントの改革は，憲法や制度，刑法や家族法，教育法や社会福祉，等の領域における社会制度に対する広範な変化をもたらした点が注目されてきました．プロテスタントが教育を重視したことにより，大学の創設はもちろん，女子教育の学校を含め，学校の開設をとおしての公教育へと向かっていきました．読み書き算（リテラシー）が基本となり，こうしてすべての人が聖書を読むことができるようになりました．貧しい人たちの救済や困窮に喘ぐ人々への社会的なケアは，宗教改革が隣人愛に関心を注いだことによって促進されていきました．ある教派的な伝統では，これらは教会の執事たちによって広範に実施されたつとめ（ミニストリー）であり，行政による困難な状態にある人々を救うための制度化された組織づくりへと，動きを加速させるのに貢献しました．

ある人々は，反ユダヤ主義，魔女裁判，ナチズムへの支持，また，幾つかの社会における自殺件数の増加ですら，それらを焚き付けたと見なせる点において，種々の宗教改革の「暗黒面」についても言及してきました．これらはどれも認められるべき要因です．それらは，人間の社会，文化，そして宗教的な営みが形作られる際に，これまで関与し，これからもそうし続けるさまざまな体制に及ぼす，広く行きわたった果敢な宗教改革の影響力との関連のもとにあります．

訳者あとがき

　本書は Donald K. McKim, *Reformation Questions, Reformation Answers: 95 key events, people and issues*, Westminster John Knox Press, 2017. の翻訳です。著者がこれまでに刊行してきた『長老教会の問い，長老教会の答え』（2006 年），『長老教会の問い，長老教会の答え 2』（2013 年）と同様の形式で，本書はこの 2017 年に記念すべき 500 周年を迎える「宗教改革」に焦点を合わせた，信徒向けの入門書です。

　著者マッキムが記した書物の直近の翻訳は，D. K. マッキム著，出村彰訳『魂の養いと思索のために ―― 『キリスト教綱要』を読む』（2013 年に教文館より刊行）です。そして，本書で日本語に翻訳されたマッキムの著書・編書は 8 冊目となります。ですから，本書を入手された方の中には著者マッキムの名にとても馴染みがあるという方も少なくないかもしれません。あるいは，「宗教改革」について学ぼうと本書を手にし，はじめてマッキムの書物に接した方もおられるかもしれませんが，彼の詳細については，これまでの訳書でかなり詳述されているため，割愛させていただきます（詳細はドナルド K. マッキム著『現代に生きる改革教会の信仰』（一麦出版社，2010 年）の「訳者あとがき」に記されていますので，そちらをご覧ください）。

　直近の前掲書が日本で刊行された 2013 年以降，2017 年 5 月現在にかけての著者の追加的な紹介として，マッキムは下記の書物を刊行しており，本書以外を以下に紹介します。

- *Living into Lent*, Witherspoon Press, Presbyterian Church（U.S.A.）, 2013.
- *Presbyterian Faith That Lives Today*, Geneva Press, 2014.
- *John Calvin: A Companion to His Life and Theology*, Cascade Books, 2015.
- *Moments With Martin Luther: 95 Daily Devotions*, Westminster John Knox Press, 2016.
- *The Sanctuary for Lent 2017*, Abingdon Press, 2016.
- *The Church: Presbyterian Perspectives*, Cascade Books, 2017.

　上記中，二つ目の "*Presbyterian Faith That Lives Today*" は 2010 年に日本キリスト教会の植村記念講座の特別講師として来日した際に語られた連続講演の記録『現代に生きる改革教会の信仰』（一麦出版社刊，2010年）をアメリカに逆輸入した英語版で，この版では「改革教会」から「長老教会（Presbyterian）」に変更されました．そして，最後の "*The Church: Presbyterian Perspectives*" は一麦出版社から刊行中の「長老教会シリーズ」に今後是非とも加えたい一冊です．

　他にも，彼が所属するアメリカ合衆国長老教会（PC U. S. A.）の出版局から刊行されている「Being Reformed」シリーズのパンフレットで，マッキムは「*More Theology for Presbyterians*」（2014），「*The Protestant Reformations*」（2017）を担当し，執筆しました．さらに，本書が日本で出版される頃に，上記のレントと同じ様式で，アドヴェントの季節に読むための以下の小冊子が刊行される予定です．

- *Advent: A Calendar of Devotions 2017,* Abingdon Press, 2017（8月予定）

　今年 67 歳を迎えるマッキムですが，肉体的にも精神的にも，衰えを知らないどころか，ますます勢いを増して活発に執筆を続ける彼の活力に，ただただ驚嘆するばかりです．訳者はマッキムが次にどんな書物を刊行するのか，いつも期待しつつ，その動向を追い続けています．

さて，本書『宗教改革の問い，宗教改革の答え——95 の重要な鍵となる出来事，人物，そして論点』は，冒頭の段落でもふれたように，この 2017 年に迎える宗教改革 500 周年に合わせて企画され，2017 年 2 月に出版されました．本書は宗教改革にまつわる全「95」の問いと答えで構成されています．これは改革者 M. ルターがヴィッテンベルク城教会の扉に「九十五箇条の提題」を公示したことを念頭に置いたのがよくわかる象徴的な数字です．

　本書は宗教改革を「歴史」と「神学」の二部に分け，問 1 から問 42 までの歴史の部では，宗教改革にまつわる重要な人物（2 章）や出来事（3 章）が，そして問 43 から問 95 までの神学の部では，信仰告白（4 章）や宗教改革期の主要な神学上の主題（5 章），プロテスタント諸教派間で意見が割れるポイント（6 章），宗教改革の今日的な問題（7 章）が簡潔に解説されます．

　「宗教改革」については，M. ルターと J. カルヴァンについて知っていれば，それで十分という方もおられるかもしれません．確かに，宗教改革をめぐる数々の書物を読むと，上記の二人が圧倒的に，その位置づけにおいて中心的であり，記載される分量も他を圧倒しています．本書の特徴は，宗教改革を扱う際の，その幅の広さです．マッキムは本書で宗教改革の重要人物として，上記の二人以外にツヴィングリの名と再洗礼派の指導者メノー・シモンズの名を挙げました（Q 5 を参照）．これまでの宗教改革関連の書物では，再洗礼派や急進的な改革運動について言及することは少なかったと思われます．しかし，本書ではそうした反主流派の宗教改革運動について正当に評価しようとする姿勢が見られます．つまり，「急進的」と一概に表現しても，実際には「暴力的」な様相を呈した運動体と「平和的・反戦的」な様相を呈した運動体があったこと，そしてシモンズは後者の指導者だったことなどが，本書をとおして浮き彫りになります．

　本書は研究者や専門家のために，詳細を丁寧に論じた学術書ではありません．「宗教改革」の実に広範囲に及ぶテーマをバランスよく簡潔に解説し，

その全体像を把握するのに最適な，2017年に宗教改革500周年を記念する信徒たちや宗教改革に関心を寄せる一般の人々のための入門書です．

2月の後半に本書を入手し，一読して本書の翻訳を即断し，一麦出版社の西村勝佳氏にご相談したところ，すぐに快諾の返事をいただくことができました．ただし，出版は2017年10月31日の宗教改革記念日よりも前になることをめざすこととなり，翻訳の着手から出版までの有余は最長で半年間という非常にタイトなスケジュールを組むことになりました．入手後の約2か月間，おもにレント（受難節）の期間中，昼夜を問わず空き時間を翻訳に回した突貫工事の翻訳作業となり，文字どおり「受難」が強いられましたが，訳者も宗教改革の研究者の端くれとして，宗教改革500周年に相応しいレントの過ごし方だったと思わされています．

今回も日本基督教団大阪南吹田教会の秋山英明牧師が，上記の事情によりこれまでよりも短期間で訳稿に目をとおしてくださり，欠訳箇所を指摘していただき，また数々のより適切な日本語訳表現の助言をくださるなど，ご協力くださいました．これまで同様に，いやこれまで以上に，秋山英明先生の度重なる御助力に対し，心から感謝いたします．訳者の訳業も，また秋山先生のお働きも共に，今年の宗教改革500周年を読者によりいっそう有意義に過ごしていただきたいとの思いからのものです．教会の読書会などで，有効に活用していただけたら本望です．

本書の訳は一般の読者にも読みやすくすることを念頭に，これまで同様に，全体的に口語調の文体で整えました．十分に至らない点もありますが，その責任は訳者にあり，読者のお許しを請いつつ，ご叱正をお願いいたします．

最後に，今回も本書の出版を快く引き受けてくださった一麦出版社の西村勝佳氏に心から感謝とともに，心からのエールを送ります．

Soli Deo Gloria.

2017 年 6 月
東日本大震災から 7 年目を迎え，さらなる復興を祈念しつつ
宮城県仙台市にて
原田浩司

宗教改革の問い、宗教改革の答え
95の重要な鍵となる出来事・人物・論点

発行
2017 年 7 月 16 日　第 1 刷

定価
［本体 2,000 ＋消費税］円

訳者
原田浩司

発行者
西村勝佳

発行所
株式会社　一麦出版社

札幌市南区北ノ沢 3 丁目 4-10　〒 005-0832
Tel.（011）578-5888　Fax.（011）578-4888

印刷
総北海

製本
石田製本

装釘
須田照生

© 2017, Printed in Japan
ISBN978-4-86325-106-9　C0016　￥2000E

一麦出版社の本

長老教会の問い、長老教会の答え
――キリスト教信仰の探求　ドナルド・K・マッキム　原田浩司訳

長老教会の問い、長老教会の答え2
――キリスト教信仰のさらなる探求　ドナルド・K・マッキム　原田浩司訳

長老教会の信仰
――はじめての人のための神学入門　ドナルド・K・マッキム　原田浩司訳

長老教会の大切なつとめ
――教会の優先課題を考える　ドナルド・マクラウド　原田浩司訳

長老教会の源泉
――信仰をかたちづくる聖書の言葉　ルイス・B・ウィークス　原田浩司訳

長老職
――改革派の伝統と今日の長老職　ルーカス・フィッシャー　吉岡契典訳

現代に生きる改革教会の信仰
ドナルド・K・マッキム　住谷眞監訳

隣人から問われる問い、キリスト者にとって基本的な「問い」わかりやすく答える答え。教理的な項目や信仰告白志願者のしての学びの会などに最適。A5判　定価[本体2000＋税]円

新たな「問い」に、前著で取り上げた「問い」にも視点を変えて、みんなでわかりやすく答える。信仰の足腰を鍛え信仰告白志願者の学びや信仰告白志願者の会読みたい入門書。新来会者などに最適。A5判　定価[本体2000＋税]円

専門的な言葉遣いを避け、鍵となる神学的な主題をめぐって信仰を説明する。個人の学びに、また諸集会での学びに最適。A5判　定価[本体2000＋税]円

わたしたちは、ただ会衆席に受身で座っているだけでいいのか？教会が優先すべき課題とは何か。スコットランドの神学者による大切な実践的な教会形成の書。A5判　定価[本体2000＋税]円

聖書によってかたちづくられてきた十二の聖書箇所から長老教会の伝統と長老教会の使信を学ぶ。聖書の使信と長老教会の伝統を長老教会たらしめるものが何かがわかる。A5判　定価[本体2000＋税]円

神の言葉のもとで教会を治める働き。今日の世界で直面している『見える』教会での各個教会の実践的な課題を示唆し、『執事職』と併せ読むことによって改革派教会の姉妹編とともに今日的課題にも啓発されるに違いない。A5判　定価[本体2000＋税]円

伝統的に受け継がれてきた信仰にわたしたちは、希望をもって歩む。道が示されわかりやすく語る。現代に生きた信仰によって、著者はこの信る学びに！A5判　定価[本体2000＋税]円